Charlotte Poussin

LA PÉDAGOGIE MONTESSORI

Que sais-je ?

À lire également en
Que sais-je ?

COLLECTION FONDÉE PAR PAUL ANGOULVENT

Jean Vial, *Histoire de l'éducation*, n° 310.
Olivier Houdé, *La Psychologie de l'enfant*, n° 369.
Marc Bru, *Les Méthodes en pédagogie*, n° 572.
Jean-Paul Resweber, *Les Pédagogies nouvelles*, n° 2277.
Gaston Mialaret, *Psychologie de l'éducation*, n° 3475.
Vincent Troger, Jean-Claude Ruano-Borbalan, *Histoire du système éducatif*, n° 3729.

ISBN 978-2-13-079569-8
ISSN 0768-0066

Dépôt légal – 1re édition : 2017, août

170 *bis*, boulevard du Montparnasse, 75014 Paris

Introduction

L'influence des pédagogies dites « alternatives » se développe depuis 2000, probablement parce que les résultats des classements PISA menés par l'OCDE[1], qui visent à évaluer et à comparer les systèmes éducatifs de plus de soixante-dix pays[2], révèlent que le système scolaire « classique » n'est plus aussi performant qu'il l'a été, tant dans les domaines académiques qu'ailleurs, situation qui a conduit à remettre en question la confiance inébranlable qu'on lui accordait. Les résultats de l'enquête PIRLS[3] menée dans une soixantaine de pays par l'université de Boston en collaboration avec l'Association internationale pour l'évaluation du rendement scolaire (AIE) montre que le classement de la France, sur le critère de la compréhension par la lecture, a considérablement et continuellement chuté en dix ans, au tournant du XXIe siècle. En outre, les recherches en neurosciences

1. PISA (Programme international pour le suivi des acquis des élèves), enquête menée tous les trois ans depuis 2000, auprès des jeunes de 15 ans, en fin d'obligation scolaire.
2. Les pays membres ainsi qu'une trentaine de pays partenaires.
3. Le Programme international de recherche en lecture scolaire (Progress in International Reading Literacy) est une enquête qui, depuis 2001, évalue tous les quatre ans le niveau de lecture des élèves à la fin de leur quatrième année de scolarité.

affectives et cognitives mettent en valeur l'importance du bien-être dans le développement de la personne, ce qui n'était jusqu'alors pas privilégié à l'école traditionnelle.

Cette double prise de conscience incite à se tourner vers des pédagogies que l'on appelle souvent « nouvelles », bien que, pour certaines, elles remontent à plus d'un siècle. C'est le cas de la pédagogie Montessori, pour laquelle l'engouement est particulièrement fort au niveau mondial depuis la fin de la première décennie du XXIe siècle.

Montessori ? Que signifie ce nom propre devenu si courant qu'il est parfois utilisé comme adjectif qualificatif ? Que désigne-t-il ? Une pédagogie ? Une philosophie ? Les deux sans doute. Certains débattent de la pertinence d'employer le terme « méthode » pour parler de Montessori. Étymologiquement, le mot « méthode » vient en effet du grec[1] et renvoie à une poursuite rationnelle, à la recherche d'une voie vers un but, c'est-à-dire à une manière de faire. En ce sens, on peut donc dire que Montessori est une méthode, une quête pour agir au mieux auprès des enfants. Et cette démarche de Maria Montessori, qui lui a donné son nom, a en outre débouché sur un ensemble de principes propres à faciliter les apprentissages et le développement harmonieux des enfants. En ce sens, il s'agit aussi d'une méthode pédagogique. Ce que certains dénoncent dans l'emploi du mot

1. En grec : μέτ- (*met-*) « qui suit », et de ὁδός (*hodos*) « chemin, voie, moyen ».

« méthode », c'est le sous-entendu erroné selon lequel Montessori serait une recette figée, une technique qu'il suffirait de dérouler pour permettre aux enfants d'apprendre précocement et efficacement. Selon cette acception, ce n'est alors pas une méthode, mais plutôt un état d'esprit qui permet de révéler un « nouvel enfant », comme disait elle-même Maria Montessori. Elle désignait par là un enfant « normal », et non pas « normé », c'est-à-dire aimant apprendre, travaillant spontanément, épanoui et libre. Après avoir « découvert » cet enfant, le but du travail de Maria Montessori a été de fournir à l'éducation une base rigoureuse s'appuyant sur la recherche et l'observation, une « pédagogie scientifique », visant à décrire l'environnement propice à l'épanouissement de l'enfant par le biais d'une démarche expérimentale mettant constamment en lien la pratique et la théorie. De ce point de vue, on peut dire qu'elle a adopté une méthode scientifique pour définir une méthode pédagogique : un ensemble de principes, de conseils et d'étapes, ordonnés et logiques, qui constituent un moyen pour parvenir à un résultat, à savoir l'épanouissement de l'enfant et, à travers lui, celui de toute l'humanité.

La nouvelle vision de l'enfant selon Maria Montessori le présente en effet comme le propre constructeur de l'adulte qu'il sera. Comme elle l'écrit dans *L'Éducation et la Paix*, livre phare de son œuvre constituée d'une quinzaine de livres, c'est de la psychologie de l'enfant que doit découler notre façon de l'aider à se révéler et à devenir lui-même. Maria

Montessori pensait que l'enfant, trop souvent considéré comme un « homme sans droit[1] », accueilli avec maladresse dès ses premiers instants de vie et trop régulièrement contraint, devait au contraire être suivi et servi avec précision. L'enfance est selon elle « la partie la plus importante de la vie de l'adulte[2] », période cruciale lors de laquelle la personne doit être résolument respectée, soutenue avec une infinie délicatesse pour que ses qualités et sa personnalité inhérentes, ainsi que ses vocations intimes, puissent éclore. Révolutionnaire à une époque où l'enfant était souvent perçu comme un être faible, avec des défauts à corriger, cette vision de l'enfant comme « constructeur de l'homme », acteur de son propre développement, débouche sur une nouvelle proposition d'éducation, conçue au service de la paix universelle et du progrès de l'humanité.

Cette pédagogie, science de l'éducation, repose sur trois piliers : une posture particulière de l'éducateur profondément respectueuse de chaque enfant, un environnement préparé pleinement adapté à l'enfant selon ses besoins et ses étapes de développement et – élément de cet environnement – du matériel pédagogique spécifique, élaboré et choisi avec le plus grand soin. Bien plus qu'une technique, la pédagogie Montessori est une mentalité, qui suppose une manière d'être.

1. M. Montessori, *L'Éducation et la Paix* [1932-1935], trad. M. Valois, Paris, Desclée De Brouwer, 2001.
2. *Ibid.*

Cette approche ne se cantonne ni à une tranche d'âge ni à l'école. Elle prône une éducation sensorielle, une vision de la liberté et de la discipline qui ne peuvent pas être comprises l'une sans l'autre puisque être discipliné, selon Maria Montessori, c'est être maître de soi. Cette autodiscipline est la condition même de l'épanouissement et du respect de la personnalité de chaque enfant, qui a à découvrir sa véritable mission au service de sa communauté. L'objectif est l'épanouissement personnel de chaque enfant, dont découle l'essor de toute la société, car chacun est rendu bien conscient de la part qu'il prend dans l'épanouissement des autres.

Maria Montessori a consacré sa vie à inviter tous les adultes à reconsidérer l'enfant, à poser sur lui un nouveau regard en le percevant de façon radicalement rénovée. Et ce changement de paradigme ne va pas sans une conversion intérieure de la part de l'adulte, qui doit travailler à devenir plus humble dans sa démarche éducative. Il n'est pas pour autant question de renoncer à transmettre, bien au contraire, mais de le faire de façon indirecte et subtile, par l'exemple, et sans recourir à la coercition. Maria Montessori elle-même considère ne rien avoir créé. Elle a plutôt mis en lumière ce que l'enfant lui a appris. Tout au long de son parcours, elle a cherché à faire connaître les besoins psychiques et les lois naturelles du bon développement de l'enfant. Elle a affirmé que le fait de les prendre en compte et de les respecter est la condition *sine qua non* de toute éducation digne de ce nom. Elle considérait en cela l'éducation comme une « aide à la vie » et comme la meilleure « arme de paix », un moyen pour mettre fin au conflit entre générations, et par là même entre les nations.

CHAPITRE PREMIER

La philosophie de Maria Montessori dans son contexte

I. – Maria Montessori, une femme résolument moderne dans un contexte pédagogique nouveau

1. **Maria Montessori, une femme en avance sur son temps.** – L'Italienne Maria Montessori (1870-1952) est l'une des premières femmes médecins d'Europe. Elle obtient son diplôme à force de ténacité. À l'époque, il n'est en effet pas concevable qu'une femme fasse ce type d'études. Dans son entourage, nombreux sont ceux qui s'y opposent, y compris son père dans un premier temps. Plus tard, il s'enorgueillira des succès de sa fille.

Elle a auparavant vécu une enfance paisible et studieuse, fille unique d'un couple assez austère mais attentionné, partagé entre l'inclination pour la tradition et la tentation du renouveau. Son père a été militaire avant de faire une carrière honorable de fonctionnaire. Il sera même décoré à la fin de sa vie. Sa mère, issue d'une famille de chercheurs, est une femme instruite, fait notable pour l'époque. Maria Montessori a vu le jour le 31 août 1870, dans le village de Chiaravalle, dans la province d'Ancône. Sa famille s'installe à Rome alors qu'elle a 5 ans. C'est l'année de sa naissance que Rome devint la capitale du royaume d'Italie, récemment proclamé en 1861, regroupant de nombreux duchés. Ce jeune royaume s'affranchit à peine de la tutelle des Autrichiens, des Prussiens et des Français. La population est assez pauvre, majoritairement analphabète, et très peu d'enfants sont scolarisés dans de rares écoles, qui sont en retard comparées à celles des pays voisins. Dans cette Italie en pleine transformation, la jeune Maria aime apprendre, notamment les matières scientifiques, ce qui la mène dans une école de garçons.

Une fois diplômée de médecine, en 1896, Maria Montessori poursuit de nombreuses études, en neurologie, sciences naturelles, sociologie, psychologie expérimentale, psychiatrie, philosophie et anthropologie de la pédagogie. Elle se passionne et s'investit dans de nombreux sujets. Chrétienne, militante et engagée pour la cause des femmes, des enfants et des plus démunis, elle est résolument progressiste. Pendant deux années, au début de sa vie professionnelle, elle remplit deux missions : d'une part, elle exerce dans un cabinet privé, recevant une clientèle modeste, et, d'autre part, devient professeur d'anthropologie pédagogique à l'université de Rome. Puis elle travaille deux ans à la clinique psychiatrique de la même université, auprès d'enfants « simples d'esprit » et devient force de proposition pour améliorer leurs conditions. Elle écrit une thèse de doctorat en psychiatrie sur les enfants « retardés ». Elle participe activement à l'ouverture d'un institut d'orthophrénie (art de développer les qualités intellectuelles) à Rome, en donnant de nombreuses conférences à travers l'Italie. Cet institut médico-pédagogique se donne pour objectif d'instruire des enfants ayant un retard mental. Elle y travaille avec le ministre de l'Éducation nationale, qui le préside, et elle en deviendra la directrice. Elle y forme des maîtres destinés à travailler avec des enfants « déficients », ayant des troubles cognitifs et mentaux. Elle passe avec eux beaucoup de temps, luttant pour leur dignité et considérant qu'ils ont plus besoin d'une aide pédagogique que médicale, ce qui était alors tout à fait nouveau.

Elle s'inspire de plusieurs médecins : le Franco-Portugais Pereira (1715-1780), proche de Diderot et Rousseau, qui fit beaucoup pour la démutisation des sourds-muets en privilégiant notamment l'apprentissage précoce de la lecture, et le neurologue aliéniste Bourneville (1840-1909), qui a institutionnalisé les centres médico-pédagogiques en France en faisant beaucoup pour la reconnaissance du besoin d'éducation des enfants porteurs de handicap.

Elle conçoit pour ces enfants un matériel pédagogique, repris et inspiré de celui des docteurs et pédagogues français : Jean Itard (1774-1838), médecin chercheur à l'institut des sourds-muets rendu célèbre grâce à son mémoire sur Victor, l'enfant sauvage de l'Aveyron, qu'il a tenté de « civiliser » en l'éduquant par les sens, et son élève Édouard Séguin (1812-1880), qui a développé une méthode éducative physiologique utilisant du matériel didactique pour affiner les perceptions sensorielles de ses patients. Elle reprend leurs flambeaux avec passion, traduisant et calligraphiant leurs travaux, où elle puise des activités pédagogiques qu'elle propose à ses élèves. Elle utilise et adapte aussi certains des « cadeaux » de Friedrich Fröbel (1782-1852), matériel pédagogique développé par ce pédagogue qui fut à l'origine des premiers jardins d'enfants en Allemagne et qui réfléchit beaucoup à l'éveil par le jeu. Maria Montessori s'adonne à une observation rigoureuse des enfants qui manipulent ce matériel. Elle l'ajuste sans cesse pour le rendre plus efficace, adoptant une démarche scientifique et cherchant toujours à vérifier ses intuitions. Les progrès spectaculaires qu'elle constate chez les enfants déficients dont elle s'occupe sont une révélation : en plus de s'épanouir et de s'intégrer, ils obtiennent de bons résultats aux examens de fin d'études primaires. Elle a dès lors le désir de comprendre ce qui entrave le développement des enfants non porteurs de handicap.

En 1907, un investisseur immobilier qui réhabilite le misérable quartier de San Lorenzo, près de la gare centrale de Rome, lui propose d'y prendre en charge les enfants défavorisés qui errent tandis que leurs parents ouvriers sont au travail. Elle accepte avec élan et c'est Via dei Marsi, dans une vaste pièce au rez-de-chaussée doté d'un grand espace extérieur, qu'à partir de ce moment elle accueille quotidiennement, avec la fille du gardien de l'immeuble, une cinquantaine d'enfants âgés de 3 à 6 ans environ. Elle soigne particulièrement l'environnement où elle reçoit ces enfants et y place des meubles légers et simples, ainsi que des objets utilitaires pour les tâches quotidiennes, le tout adapté à la taille des enfants. Elle leur présente individuellement le matériel pédagogique qu'elle a conçu précédemment pour les enfants déficients. Les enfants les manipulent ensuite à volonté. Elle les modifie en fonction de ce qu'elle déduit de leurs manipulations. C'est en effet dans une attitude de recherche scientifique qu'elle observe ces jeunes « explorateurs » évoluer librement, dans un environnement ordonné.

Un matin, alors qu'elle arrive en retard, elle constate que les enfants sont tous affairés avec du matériel qu'ils ont pris d'eux-mêmes dans l'armoire restée ouverte. Dès lors, elle dispose tous ces matériels sur des étagères, en libre-service. Les enfants se livrent alors avec assiduité à des exercices choisis spontanément, les répétant inlassablement, recherchant plus l'activité en elle-même que sa finalité, et développant une qualité de concentration toujours plus intense. De la même manière, elle retire progressivement les jouets de la pièce, constatant que les enfants les délaissent complètement au profit des outils pédagogiques autocorrectifs. Des activités manuelles, de la gymnastique, de la musique et du jardinage sont aussi proposés aux enfants.

C'est ainsi, en suivant ce que les enfants lui indiquent de leurs besoins, que Maria Montessori théorise progressivement ce qui deviendra la pédagogie Montessori. Les enfants ont besoin d'ordre et de liberté dans le choix, la durée et la fréquence de leurs activités spontanées ; ils ont le droit de se déplacer et de s'exprimer tant qu'ils ne gênent pas les autres membres de la communauté qu'ils forment. Ils ont besoin d'un environnement qui soit riche d'activités construites qui aient un but. Dans ce contexte, conjuguant liberté et cadre structurant, Montessori constate que les enfants font des progrès fulgurants dans leurs apprentissages, tout comme dans leurs comportements. Leur capacité de travail et leur appétit de découverte se développent. Naguère désœuvrés et perturbateurs, ils deviennent joyeux, autonomes et disciplinés. Ils apprennent à écrire et à lire, à compter, sans avoir suivi le moindre cours collectif, alors qu'ils sont très jeunes.

Ce phénomène anime la foi que Maria Montessori place en l'homme. Elle est convaincue que l'éducation est source de progrès pour l'humanité. La première école Montessori est née, appelée la Casa dei Bambini (la Maison des enfants). Une « pédagogie scientifique » y est élaborée, fondée sur l'observation, la recherche et l'ajustement permanent des outils et des pratiques. Une autre s'ouvre à Milan en 1908, confiée à Anna Maria Maccheroni. La relation aux parents fait aussi partie intégrante de cette approche : elle est régulière et bienveillante. Dans ces premières écoles, Maria Montessori dit que les enfants lui ont secrètement murmuré le « secret de l'enfance », titre qu'elle donnera à l'un de ses livres, ce secret se résumant en une phrase : « Aide-moi à faire par moi-même ! »

La notoriété de cette approche se répand de manière fulgurante à travers le monde, et Maria Montessori se consacre dès lors à la rédaction de livres destinés à présenter sa démarche, et qui seront traduits dans de nombreuses langues ; elle multiplie les conférences et, dès 1909, développe des formations pour transmettre son état d'esprit de façon rigoureuse. Ces formations deviennent internationales à partir de 1913, sous le patronage de la reine Margherita d'Italie. Elle invite les éducateurs à se transformer, à se rééduquer eux-mêmes, afin de percevoir l'enfant comme une personne à part entière, qu'il faut accompagner, plutôt que comme un adulte en miniature qu'il faudrait modeler et remplir de connaissances.

Rapidement, les écoles Montessori[1] se multiplient, au gré de ses voyages et de ses séjours en Europe et aux États-Unis. Elle vit désormais avec son fils Mario, qui avait passé son enfance à la campagne, puis en pensionnat, car il était né d'un amour resté officieux avec le chercheur et médecin Giuseppe Montesano. Montessori avait travaillé à ses côtés au lendemain de son diplôme de médecine et publié avec lui des articles scientifiques sur les causes de la délinquance liées à une carence de soin durant l'enfance[2]. La doctoresse devient aussi célèbre que sa pédagogie. Sans entrer plus en détail dans sa vie[3], signalons encore certains

1. En France en 1910 par Mme Pujol-Ségalas, suivie d'autres en 1913, puis en 1915 par Mme Cromwell pour des orphelins et réfugiés, ainsi qu'un premier centre de formation.
2. La misère sociale et les retards d'apprentissages qu'elle entraîne avaient selon eux des conséquences à long terme.
3. Voir plutôt E.M. Standing, *Maria Montessori. Sa vie, son œuvre*, Paris, Desclée De Brouwer, 1995 ; ou R. Kramer, *Maria Montessori. A biography* , Boulder, Westview Press, 1976.

éléments remarquables, comme son voyage de 1914 aux États-Unis, où elle est reçue comme une grande personnalité à la faveur d'une tournée de conférences devant des auditoires dépassant parfois les 5 000 personnes. À cette occasion, une association Montessori est créée aux États-Unis, présidée par Graham Bell, l'inventeur du téléphone[1], et dont fit aussi partie brièvement la fille du président, Margaret Wilson. Elle fait un second séjour prolongé en Amérique en 1915, au moment de l'Exposition universelle de San Francisco (Panama Pacific International Exhibition). Une classe Montessori avec des murs de verre est mise en place pendant trois mois, sous la direction de Helen Parkhurst, de manière que les visiteurs puissent voir ce qui s'y passe. Elle est cette fois venue avec son fils, qui y reste après son départ et s'y marie avec une Américaine.

Des écoles ouvrent aussi au Canada, en Russie, notamment pour la famille impériale, même en Chine et au Japon, et bien sûr en Europe, en particulier en Espagne, car Maria Montessori s'installe en 1916 à Barcelone, où son fils la rejoint en 1918 avec sa femme et leurs quatre enfants. Mario devient dès lors le principal collaborateur de sa mère. Les voyages et les conférences qu'elle multiplie ne l'empêchent pas de travailler sans relâche. Elle étend ses recherches aux nouveau-nés et aux adolescents et se passionne pour

1. À l'initiative de sa femme Mabel Hubbard Bell, femme érudite ayant perdu l'audition à 5 ans, et de leur fille, toutes deux ayant visité une école Montessori dès 1913.

l'éducation à la paix. Sa notoriété continue de se développer. Elle est reçue par la cour d'Angleterre en 1927.

2. Une démarche éducative qui s'inscrit dans un contexte révolutionnaire de pédagogie nouvelle

(A) *Les précurseurs des pédagogies nouvelles.* – À la fin du XIXe siècle, l'école est obligatoire depuis peu et encore rarement gratuite. La scolarisation se développe au début du XXe siècle avec la généralisation de l'école maternelle et le prolongement de la scolarité obligatoire. Un courant d'éducation nouvelle se développe, dont le principe est la participation active des enfants à leurs apprentissages, d'où l'appellation fréquente de pédagogie active. Ce mouvement pédagogique international s'inspire des humanistes de la Renaissance, comme Érasme, qui considérait que la nature avait besoin de l'intervention de l'éducation pour que l'homme, créé pour le bien, s'y applique et s'y exerce afin d'être libre et paisible.

Montaigne (1533-1592), qui incarne la remise en cause d'une éducation traditionnellement tournée vers l'accumulation de vastes connaissances, sans réexaminer leur utilité, est le précurseur d'une éducation plus moderne tournée vers le développement des facultés de l'enfant. Il ne s'agit plus d'inculquer le savoir de manière coercitive en ayant recours à la punition et à l'intimidation. Il préconise la joie d'apprendre et affirme que tout apprentissage doit se faire en réfléchissant et en se posant des questions. Son but n'est rien de moins que la maîtrise de la liberté, insistant sur le fait que le maître doit être sage plus que savant, et que sa première mission est d'adapter son enseignement à l'enfant en s'appuyant sur la curiosité de ce dernier. Montaigne affirme qu'il est important que l'enfant s'épanouisse et déclare qu'« une tête bien faite » vaut mieux qu'une « tête bien pleine ». Il dit que savoir par cœur n'est pas vraiment savoir et, dans les *Essais*, écrit que « l'enfant n'est pas un vase que l'on remplit, mais un feu qu'on allume ».

Maria Montessori reprendra cette idée en insistant encore plus sur la spontanéité du potentiel de l'enfant dans sa fameuse formule : « L'enfant n'est pas un vase que l'on remplit, mais une source qu'on laisse jaillir. » Selon elle, l'éducation doit laisser émerger un potentiel endogène et non emplir un réceptacle de connaissances. L'éducation est un accompagnement libérateur, et non un dressage qui asservit. Dans cette logique, l'enfant est le père de l'homme.

Le Tchèque Comenius (1592-1670) est l'un des fondateurs de la pédagogie moderne. Il affirme qu'il faut s'adapter au désir et aux capacités de chaque enfant pour leur apprendre avant tout à penser, que tout le monde mérite de suivre un enseignement et que toute l'éducation des petits passe par les sens. Au cours de la seconde moitié du XVIIIe siècle, certaines personnes cultivées portent de plus en plus un regard différent sur l'enfant. Il n'est plus considéré comme un adulte en réduction, mais comme un être à part entière ayant des besoins et des droits spécifiques. Le modèle que Rabelais (1494-1553) décrit par l'intermédiaire de son personnage Pantagruel, qui donne des recommandations pour l'éducation de son fils Gargantua auquel il souhaite un « abîme de science », est complètement remis en question.

Rousseau (1712-1778), dont l'œuvre prône la liberté et l'autonomie, défend les droits des enfants. En écrivant *Émile ou De l'éducation* en 1762, il pose sans le savoir les fondements de la pédagogie moderne en affirmant que l'éducation n'a de sens que si elle résulte d'une réflexion sur la destinée de l'humanité. Il considère que tout enfant porte en lui la nature même de l'homme et que, contrairement à l'animal qui vient au monde doté d'instincts, le petit d'homme naît physiologiquement incomplet. Il doit donc se construire lui-même. Il a ainsi la liberté de s'améliorer, élevant avec lui toute l'humanité. Rousseau décrit l'enfant comme un être sensible traversant des étapes de développement qui lui sont propres et au fil desquelles il conquiert successivement sa propre personne (physiquement et psychiquement), puis les choses qui l'entourent en apprenant à les maîtriser, et enfin ses relations aux autres. Il affirme aussi que l'expérience vaut tout autant, sinon davantage, que les leçons. Selon Rousseau, la nature de l'homme, qui est en quête d'ordre et de justice, est bonne, mais l'éducation peut être nuisible à son développement si, faute d'y consacrer assez de temps, elle ne respecte pas la personnalité de l'enfant.

Parmi les figures de la pédagogie nouvelle, Maria Montessori est sans doute celle qui a été la plus influencée par les écrits de Rousseau. Elle lui a repris l'idée que le monde est essentiellement conçu pour les adultes, qui ne tiennent pas assez compte des enfants et les empêchent ainsi d'atteindre rapidement leurs fonctions supérieures.

Le mouvement des pédagogies nouvelles est l'héritage de ces nombreuses réflexions de pédagogues et de penseurs menées depuis la Renaissance, dont celles d'Auguste Comte (1798-1857), père du positivisme, selon qui il faut apprendre à connaître en s'appuyant sur des faits avérés, en observant un sujet actif et libre d'agir dans une école qui devient dès lors une sorte de laboratoire pédagogique. L'influence du philosophe américain John Dewey (1859-1952) n'est pas non plus négligeable, qui prônait la psychologie du développement et le concept de *learning by doing* (« apprendre en faisant »), démontrant l'importance de l'expérimentation et du travail manuel.

Les pédagogies nouvelles favorisent l'autoapprentissage, qui suscite le progrès de toute la personne plutôt que l'accumulation de connaissances. Elles conçoivent l'apprentissage comme la résultante de l'intérêt de l'enfant, de sa soif naturelle d'exploration et de son besoin d'expérience et de coopération. L'éducation nouvelle accorde la même importance à la qualité des relations sociales qu'au développement des facultés intellectuelles, manuelles, physiques et artistiques. C'est une conception émancipatrice qui confère à l'enfant la place centrale, s'appuyant sur ses besoins, les lois qui président à son développement et à ses intérêts.

Cela étant, cette éducation n'est pas pour autant une démarche de « laisser-faire » ni un modèle individualiste. C'est un mouvement qui a une nouvelle vision du but de l'éducation : il ne s'agit plus de faire obéir l'enfant à tout prix, mais de l'aider à s'épanouir pour que s'améliore avec lui toute l'humanité. Dans cette démarche, le rôle de l'adulte évolue : il accompagne l'enfant qui a besoin d'être compris au lieu d'exiger de lui qu'il rentre dans un moule.

Se fonder sur l'observation des besoins psychiques de l'enfant, en concevant l'éducation comme une démarche expérimentale et scientifique qui doit veiller à la bonne hygiène mentale de l'être en développement, en favorisant la joie, sans punition ni récompense : voilà bien une vision qui, au début du XXe siècle, est une véritable révolution !

(B) *Le mouvement international des pédagogies nouvelles.* – Ce mouvement, qui se donne pour but de fédérer une collaboration scientifique internationale entre les écoles alternatives, prend officiellement forme avec la création de la Ligue internationale pour l'Éducation Nouvelle (la LIEN, ou The New Education Fellowship) en 1921, fondée par le pédagogue suisse Adolphe Ferrière (1879-1960), qui en rédige la charte, avec Béatrice Ensor (1885-1975) et Elisabeth Rotten (1882-1964). Adolphe Ferrière travaille alors à l'Institut Jean-Jacques-Rousseau, à Genève, codirigé par le neurologue et psychologue suisse Édouard Claparède[1]

1. Selon lui, la première vertu du maître doit être son enthousiasme et sa capacité à stimuler l'intérêt de l'enfant, ce en quoi lui et Montessori se rejoignent.

(1873-1940), qui a créé, au sein de cet institut, une classe d'inspiration montessorienne appelée « Maison des petits », et le professeur de pédagogie Pierre Bovet[1] (1878-1944). L'activité de la LIEN s'imbrique avec celle de l'école de Genève, et Pierre Bovet en devient naturellement le directeur en 1925. Maria Montessori est aussi impliquée dans ce mouvement, ainsi que le neuropsychiatre et pédagogue belge Ovide Decroly (1871-1932), père de la lecture globale, qui a créé une « école dans la vie », conçue comme un laboratoire. Comme Maria Montessori, il considère que l'environnement est d'une importance capitale dans l'éducation et qu'il ne doit pas se limiter à celui de l'école.

Ayant fait des recherches au sein de l'Institut Jean-Jacques-Rousseau, le psychologue suisse Jean Piaget (1896-1980), spécialiste du développement de l'intelligence cognitive, contribue à sa manière au mouvement d'éducation nouvelle et participe au bureau de l'association à partir de 1929. Il a notamment décrit le développement de l'intelligence comme une construction linéaire et cumulative à travers des stades successifs[2].

---

1. Pierre Bovet a préfacé la version française du premier tome de la *Pédagogie scientifique* de Maria Montessori en 1912.

2. Il ne s'agit pas de détailler ici le fruit de ses travaux, d'autant que sa théorie a été dépassée par plusieurs chercheurs qui ont depuis démontré que le développement est dynamique et dépendant de la capacité de l'enfant à inhiber des automatismes pour raisonner logiquement ; voir O. Houdé, *La Psychologie de l'enfant*, Paris, Puf, « Que sais-je ? », 2017. La théorie de Jean Piaget est néanmoins une référence obligée dans l'histoire de la psychologie de l'enfant.

D'autres pédagogues connus participent à ce mouvement de renouveau. Si les fondamentaux sont communs, chacun a sa propre vision. L'Allemand Rudolf Steiner (1861-1925), fondateur de l'anthroposophie, crée une école qui cherche à développer le progrès spirituel de l'homme en s'appuyant sur la relation qui se tisse entre l'enseignant et l'enfant. École sans programme, sans évaluation et sans matériel pédagogique, elle vise à élever des êtres libres qui progressent grâce aux modèles vertueux des enseignants. Ces derniers cherchent à inspirer une autorité par l'exemplarité plutôt que par la contrainte, point commun avec l'approche Montessori. À part cela, ces écoles sont assez différentes des écoles Montessori. La pédagogie Steiner repose beaucoup sur les jeux d'imitation, les activités collectives mises en place par l'adulte sur des cycles de plusieurs semaines et les activités artistiques. Le Français Célestin Freinet (1896-1966), instituteur dans une école publique du Sud de la France, prône quant à lui le « tâtonnement expérimental », soulignant l'importance de la pratique démocratique et coopérative à l'école. Il insiste sur le rôle crucial que joue le désir dans l'apprentissage et pense que les enfants n'aiment travailler que s'ils y trouvent une raison. C'est pourquoi il leur propose de travailler sur des projets qu'ils choisissent collectivement au cours de réunions hebdomadaires organisées par les enfants. Sa pédagogie est fondée sur des relations simples, sans hiérarchie ni tension, en l'absence de manuel scolaire et de leçons. Ces deux exemples se développent parallèlement à l'approche Montessori et sont bien différents, malgré des valeurs communes, telles que le respect de l'enfant.

Tous les membres du mouvement de pédagogie nouvelle, malgré leurs divergences, se sont sans doute influencés mutuellement, mais Maria Montessori y fait très peu référence dans son travail. Elle évoque le médecin pédagogue et psychologue Percy Nunn (1870-1944), qui a présidé le mouvement Montessori en Angleterre et dont les théories l'ont aidée à construire sa réflexion sur le fait que le développement de l'esprit humain dépend du milieu dans lequel il se trouve et de ses interactions avec lui. Maria Montessori fait aussi référence au pédagogue suisse Johann Heinrich Pestalozzi (1746-1827), selon lequel l'intuition est la base de toute connaissance. Lui aussi insiste sur l'importance de l'observation, de l'expérimentation et de la prise en compte des stades de développement. La meilleure manière d'enseigner consiste selon lui à suivre la nature.

Alexander Sutherland Neill[1] est un autre pédagogue connu qui participe aussi au mouvement du renouveau éducatif mais avec lequel Maria Montessori ne partage pas la même conception de la liberté. Cet Écossais a créé l'école démocratique de Summerhill en 1921, en Angleterre. Il prône une éducation libertaire, l'absence de méthode, le développement poussé de l'imagination, et trouve l'approche Montessori beaucoup trop directive. Tous les pédagogues inscrits dans la mouvance des pédagogies nouvelles ne marchent donc pas d'un même pas malgré leurs points communs.

1. Auteur du célèbre livre *Libres enfants de Summerhill.*

La Ligue internationale des pédagogies nouvelles organise de grandes conférences dont la première a lieu à Calais en 1921. Maria Montessori y participe. Il y en aura huit en tout, et si Maria Montessori suit le mouvement de prêt ou de loin, elle demeure très indépendante et ne se rend pas toujours au congrès[1]. Elle n'en est pas moins la figure de proue de ce mouvement visant à repenser l'école.

Elle crée en parallèle ses propres congrès. C'est lors du premier congrès Montessori international en 1929, au Danemark, qu'elle annonce la création de l'AMI (Association Montessori Internationale[2]) dans le but de préserver la rigueur de son travail qu'elle considérait incompris et détourné par certains. L'AMI organisera dès lors des congrès Montessori internationaux qui ont encore lieu de nos jours tous les quatre ans. C'est lors du second congrès, qui a lieu à Nice en 1932, qu'elle présente son matériel pédagogique étalonné. Elle y rencontre un immense succès.

Jean Piaget y assiste, et c'est à ce moment-là qu'il s'implique dans le mouvement Montessori de Suisse, tout en gardant une certaine réserve. Il devient président de la Schweizerische Montessori Gesellschaft. Jean Piaget et Maria Montessori ont eu plusieurs occasions d'échanger. Tous deux considèrent l'enfant comme un savant en devenir et affirment qu'il construit

1. Elle est allée au premier, au cinquième et au sixième.
2. Cette association sera basée à Berlin jusqu'en 1935, date à laquelle elle s'installe à Amsterdam où elle est toujours, actuellement dans une maison où vécut Maria Montessori.

sa propre intelligence en interaction avec son environnement. Ce fait a depuis été confirmé par les découvertes en neurosciences et en psychologie du développement. Cette conviction a profondément marqué le monde de l'éducation nouvelle. Cependant, Jean Piaget estimait que Maria Montessori proposait un matériel qui pouvait nuire à la spontanéité des enfants, car il isolait les sens et les perceptions de façon artificielle et très graduelle. De plus, il pensait que la pédagogue exposait trop tôt les enfants à des concepts abstraits, comme celui de l'unité par exemple. Il jugeait qu'il valait mieux le faire vers 6 ou 7 ans, quand la pédagogue, elle, pensait qu'il valait mieux les y exposer avant, de la même manière qu'on n'attend pas qu'un enfant sache parler pour lui adresser la parole, bien au contraire. Depuis, on sait que les enfants ont un sens mathématique très précoce. Malgré ces différents, Jean Piaget et Maria Montessori se portaient un respect réciproque, et Jean Piaget devient membre d'honneur de l'AMI suisse en 1978.

Maria Montessori a essuyé des critiques similaires, notamment de la part de la pédagogue anglaise Charlotte Mason (1842-1923), ardente militante de l'instruction en famille qui s'insurgeait contre le matériel Montessori qu'elle considérait superflu et contre la précocité avec laquelle les apprentissages étaient présentés aux enfants. Maria Montessori a aussi été détractée par certains catholiques qui la trouvaient trop « ouverte ». Mais même si elle semble avoir compté parmi les pédagogues du renouveau les plus critiqués, sa proposition est probablement celle qui a le plus considérablement influencé les mentalités, en faisant prendre conscience du rôle de l'éducation comme d'une « aide à la vie ». Elle a aussi eu de nombreux soutiens, comme, entre autres, celui de Sigmund Freud (1856-1939), qui lui a rédigé une lettre de soutien officiel, et comme celui du Mahatma Gandhi (1869-1948), chef de file du mouvement d'indépendance indienne, qui est venu visiter ses écoles à Rome.

3. Le déploiement de la proposition montessorienne jusqu'à nos jours

(A) *Un contexte historique perturbé.* – L'incroyable dynamique du mouvement d'éducation nouvelle est stoppée par la Seconde Guerre mondiale, tout comme l'élan d'expansion de la pédagogie Montessori, qui est suspendu pendant le conflit. Ce qui explique peut-être aussi cette pause, c'est que, après des années d'engouement pour la pédagogie Montessori, et grâce aux apprentissages précoces et à l'autodiscipline qu'elle suscite, une telle éducation a inquiété les adultes et les autorités : elle changeait radicalement la relation de l'enseignant à l'enfant, la rendant plus égalitaire. Cette absence de domination de l'adulte sur l'enfant qu'implique la vision montessorienne n'avait probablement pas été perçue dans un premier temps. Elle commençait à inquiéter. La fin du pouvoir d'une génération sur la suivante a même pu paraître dangereuse à certains. En France, il est possible aussi que le développement de la pédagogie Montessori ait été freiné dans les écoles publiques car il a été porté par des personnes très croyantes (catholiques et juives), qui la mettaient en place dans des écoles confessionnelles, dans un contexte prônant l'école laïque depuis la loi de séparation de l'État et des Églises en 1905.

Maria Montessori rencontre Benito Mussolini deux ans après sa prise de pouvoir en 1922. Il est séduit par sa pédagogie et la met en place dans les écoles gouvernementales. Il crée l'institution de l'Opera Nazionale Montessori (ONM), dont il devient le président, impliquant des personnalités telles que le ministre de l'Éducation nationale. L'ONM regroupe un centre de formation et une école, et édite une revue mensuelle *L'Idea Montessori*. Mussolini pense mettre son pays en valeur en soutenant une pédagogie italienne mondialement connue. Maria Montessori pense pouvoir tirer parti de cette situation pour améliorer l'école publique de son pays d'origine et par la même occasion participer au progrès de sa société. Elle se prête au jeu un temps, pensant pouvoir garder son indépendance et mettant tout en œuvre pour y parvenir. En 1930 et 1931, deux cours internationaux de formation Montessori sont organisés en Italie sous l'égide du gouvernement. Maria Montessori vient à ces occasions y séjourner plusieurs mois. La presse lui fait un triomphe. Même si elle sait que les enseignants portent l'uniforme fasciste dans les écoles italiennes qui mettent sa pédagogie en place, elle n'approuve pas du tout le totalitarisme et l'exprime à sa façon. Elle est apolitique et pacifiste avant tout. En 1934, alors que se déroule à Rome le 16e congrès international Montessori, Benito Mussolini lui propose de devenir ambassadrice des enfants. Elle refuse et dit qu'elle ne souhaite s'exprimer qu'au nom de l'AMI. Ainsi défié, Mussolini ordonne le jour même la fermeture de tout ce qui touche à Montessori à travers l'Italie, mettant un terme à dix années de « cohabitation ». Les livres de la pédagogue sont publiquement brûlés. Maria Montessori ne reposera plus le pied sur la terre de son pays natal pendant treize ans. Elle rentre en Espagne d'où elle reprend ses voyages continuels qui font d'elle une nomade. Fuyant l'arrivée au pouvoir du dictateur Francisco Franco, elle quitte Barcelone et s'installe aux Pays-Bas en 1936, après plusieurs pérégrinations, passant notamment par l'Angleterre. Son fils la suit et se remarie avec une Néerlandaise, Ada Pierson, dont la famille les a reçus aux Pays-Bas et a fait beaucoup pour le mouvement Montessori. La pédagogue rayonne alors en Europe et se rend deux fois en Inde, à Madras (aujourd'hui Chennai). La seconde fois, en 1939, alors qu'elle pensait y rester quelques mois avec son fils, la guerre éclate et elle y reste sept ans. Elle y rencontre le Mahatma Gandhi et le Premier ministre Nehru (1889-1964), avec lesquels elle avait eu une correspondance auparavant, ainsi que le compositeur et homme de lettres Rabindranath Tagore (1861-1941). Elle poursuit ses recherches, notamment sur les tout-petits et les adolescents, et dispense de nombreuses formations, entre Madras, Kodaikanal, Karachi et Ahmedabad, ainsi qu'à Ceylan. Elle est presque considérée comme un mentor. Elle rentre en Europe à la fin de la guerre mais retourne une fois en Inde, ainsi qu'au Pakistan entre 1948 et 1949. Elle influence grandement l'école aux Pays-Bas, où elle réside. Elle y est décorée[1]. Elle le sera également France, où elle reçoit la Légion d'honneur et une ovation à l'Unesco en 1950. Elle est trois fois nominée pour le prix Nobel de la paix. Elle rétablit ses écoles en Italie. Elle développe des stages de formation et organise de nouveaux congrès internationaux spécifiquement consacrés à sa pédagogie. Neuf se tiendront de son vivant.

Après une vie consacrée au service de l'enfance, elle meurt en 1952 à Noordwijk, aux Pays-Bas, où elle est enterrée. Un an après sa mort, un autre congrès Montessori a lieu à Paris, sous le patronage du gouvernement français.

Maria Montessori a laissé derrière elle un mouvement de pensée très dynamique qui cherche à asseoir l'éducation sur une base scientifique. Elle a conçu des formations exigeantes afin que ses outils pédagogiques ne soient pas mal compris et que la posture de l'éducateur soit centrale. Elle la souhaitait bienveillante et craignait qu'elle ne se rigidifie au profit de présentations de matériel qui deviendraient alors scolaires.

Ces formations, qui délivrent un diplôme international certifié par l'AMI, étaient à l'origine indifférenciées selon que les éducateurs s'adressent à des enfants de différents âges. Les formations duraient environ 150 heures réparties en trois tiers : un pour la théorie, un pour le matériel, un pour les stages d'observation et de pratique.

Il existe maintenant des formations différentes selon que les éducateurs se destinent à accompagner des

1. Officier de l'ordre d'Orange-Nassau.

enfants de 0 à 3 ans, de 3 à 6 ans ou 6 à 12 ans. Chacune d'entre elle dure l'équivalent d'une année scolaire et requiert deux à quatre années d'études préalables, en fonction des centres de formation affiliés à l'AMI. En France, ces derniers sont l'ISMM et le CFMF. En ce qui concerne la préparation de l'éducateur qui souhaite accompagner les adolescents, il existe des séminaires, en particulier en Suède, aux États-Unis, au Mexique, en Australie et en Russie. Le collège-lycée qui sert actuellement de référence est celui de David Kahn, directeur de Hershey Montessori School, situé aux États-Unis, dans l'Ohio. Depuis 2010, l'AMI collabore avec la North American Montessori Teachers' Association (NAMTA) pour la transmission de la recherche et de la pratique auprès des adolescents qui se fait au contact de la nature[1].

Le flambeau de l'AMI a été repris par le fils de Maria Montessori, Mario, jusqu'en 1982, puis par son épouse Ada Montessori-Pierson pendant sept ans. Des formateurs d'éducateurs Montessori expérimentés ont ensuite pris la relève pour diriger cette association. Si, aux États-Unis, deux associations fédèrent ce mouvement – l'American Montessori Society et l'AMI –, l'AMI semble fédérer toutes les associations Montessori qui s'en réclament de par le monde, comptant trente-trois sociétés affiliées, nombreuses en Amérique du Nord, du Sud et au Mexique, en Europe, en Asie, et certaines se créent encore régulièrement. Il y a environ soixante-dix centres de formations reconnus par

1. The NAMTA/AMI Montessori Orientation to Adolescent Studies.

l'AMI à travers le monde. De nombreuses formations alternatives sont aussi proposées, dont les qualités d'enseignement sont variables.

La pédagogie Montessori a par ailleurs influencé d'autres pédagogies, notamment celle de la Franco-Polonaise Hélène Lubienska de Lenval (1895-1972), qui a travaillé avec la pédagogue italienne une dizaine d'années, à Rome. Elle s'occupait beaucoup d'enfants sourds et a conçu certaines activités, notamment les dictées muettes[1]. fervente catholique, Mme Lubienska a développé une pédagogie montessorienne adaptée au système classique, par ailleurs empreinte de spiritualité. Elle a inspiré de nombreux enseignants en France, en Belgique, en Suisse et au Brésil. Elle a écrit et organisé des formations. C'est à celle qu'elle a dispensée à Nice en 1932 que s'est formée la pédagogue allemande Emilie Brandt (1879-1963), élève de Fröbel. Le père Faure, pédagogue jésuite (1904-1988), très engagé dans l'action sociale, s'est inspiré du travail de Maria Montessori et des apports d'Hélène Lubienska pour créer la « pédagogie personnalisée et communautaire », qui alterne des périodes de travail individuel et des moments collectifs, avec des « plans de travail » aidant à devenir autonome.

(B) *Montessori de nos jours.* – En France, 40 % des enfants sortent actuellement de CM2 avec des acquis

1. Activité qui consiste à associer des lettres mobiles pour former un mot dicté par une image. Maria Montessori préférait que les enfants écrivent spontanément, en ayant recours à leur imagination, sans utiliser d'images, qui peuvent rendre l'activité scolaire et freiner l'élan spontané qui pousse à écrire beaucoup.

fragiles en lecture et en mathématiques[1]. Pour lutter contre cet état de fait, une prise de conscience générale incite à se tourner vers des pédagogies alternatives, notamment l'approche Montessori, dont de nombreux principes fondamentaux sont confirmés par les recherches actuelles en psychologie du développement et en neurosciences affectives et cognitives. On sait de nos jours que l'adaptabilité, l'inventivité et la flexibilité sont des qualités majeures ; on sait que l'apprentissage par cœur a ses limites, que la réflexion vaut mieux que la mémorisation et que la passivité est contre-productive. On connaît la valeur de la concentration et de l'auto-implication dans les apprentissages. On sait qu'il est essentiel de prendre en considération chaque individu en tenant compte de son développement intellectuel, émotionnel, physique et psychique. Il est aujourd'hui prouvé que l'empathie est essentielle au bon développement du cerveau, que l'humiliation, au contraire, peut l'entraver. Le très populaire Ken Robinson, dans ses conférences TED[2] qui ont été vues des centaines de millions de fois sur Internet, explique que toute éducation doit se donner pour objectif de trouver la convergence entre la vocation de quelqu'un et sa capacité, entre sa passion et son talent, car on ne fait vraiment bien que ce que l'on aime faire. En avance sur son temps, Maria Montessori

1. Et 15 % avec des difficultés sévères, selon le Haut Conseil de l'éducation, *L'École primaire. Bilan des résultats de l'école*, 2007 et 2012.
2. Les conférences TED (Technology, Entertainment and Design) sont organisées et diffusées à l'échelle internationale par une fondation américaine depuis 1984.

était une grande pionnière de cette idée. Des recherches sur les apports de la pédagogie montessorienne sont actuellement en cours en France. Des enquêtes longitudinales sont menées aux États-Unis, depuis 2005, qui tendent à démontrer que l'éducation Montessori apporte un avantage, d'une part, dans la précocité et la solidité des apprentissages cognitifs et, d'autre part, des avantages encore plus notables dans les domaines non cognitifs. L'approche Montessori est reconnue pour développer l'empathie, la collaboration, la créativité, etc.

Si cette approche pédagogique semble avoir mis plus d'un siècle à prendre de l'ampleur en France, où elle se développe actuellement à petits pas, elle est plus répandue ailleurs et certains pays s'en sont très largement inspirés pour leurs politiques d'éducation nationale, comme aux Pays-Bas. Certains pays comptent de très nombreuses écoles Montessori et de nombreuses formations. L'AMI évalue actuellement à environ 250 le nombre des formations qu'elle dispense par an à travers le monde. Ce chiffre est en expansion. Aux États-Unis, on dénombre quinze centres de formations AMI et une centaine de formations accréditées par l'AMS[1], dont une partie propose des formations indépendantes et une autre des crédits rattachés à d'autres formations universitaires

1. L'AMS (American Montessori Society) a été créée en 1963 par des personnes qui tenaient à faire en sorte que les diplômes montessoriens soient reconnus par l'État américain. L'AMI et l'AMS entretiennent aujourd'hui des relations cordiales, même si les deux associations proposent des formations assez différentes.

diplômantes. Au Mexique, il existe huit centres de formation AMI et leur nombre augmente actuellement sur tous les continents. En ce qui concerne le nombre d'écoles Montessori dans le monde, il est très difficile à évaluer, mais on entend parler de plus de 35 000 établissements montessoriens, répartis sur plus de 140 pays, avec une forte évolution, y compris en Asie et notamment en Chine, où le gouvernement s'intéresse de près à l'approche Montessori[1]. Il y a aussi le cas de certains États en Inde, comme le Tamil Nadu, où se trouvent des dizaines de milliers d'écoles d'inspiration Montessori. En France, on compte environ deux cents structures Montessori et une dizaine d'établissements Montessori hors contrat ouvrent à chaque rentrée scolaire depuis 2010. Dans ce cadre, des initiatives solidaires se multiplient, cherchant à démocratiser cette pédagogie restée jusqu'à présent assez limitée à l'enseignement hors contrat, non par choix mais en raison de la difficulté de la développer au sein de l'Éducation nationale française. Celle-ci s'explique par le fait qu'il n'est pas évident d'y mettre en place des classes d'âges mélangées, principe fondamental dans la pédagogie Montessori, ni d'y acquérir du matériel pédagogique spécifique ou de donner aux enseignants la possibilité de bénéficier d'une formation Montessori. Mais les

1. En 2010, le gouvernement chinois a demandé à l'AMI de passer à la vitesse supérieure en formant 25 millions d'éducateurs Montessori, alors qu'une bonne centaine était annuellement formée, une poignée à l'échelle de la Chine. L'AMI n'a pas cette capacité mais y maintient des centres d'excellence afin d'être des références.

choses évoluent. L'AMF et plusieurs associations cherchent, par leurs initiatives, à lever ces freins. Actuellement, de plus en plus de classes Montessori ouvrent dans des écoles publiques et privées sous contrat. Le phénomène a lieu également en Thaïlande, aux Pays-Bas, en Italie, et depuis longtemps aux États-Unis, où l'on compte plus de cinq cents écoles Montessori publiques et *charter schools*[1]. C'est aussi aux États-Unis que se concentrent principalement les initiatives de recherche sur Montessori par comparaison avec d'autres pédagogies. Elles sont exposées dans le livre de la chercheuse A.L. Lillard, *The Science Behind the Genius*, réédité en 2017. D'autres recherches sont notamment en cours ou en projet, comme celles de Solange Denervaud en Suisse ou celles de Jérôme Prado en France, à Lyon.

L'AMI dispose d'un comité international de recherche et de développement, AMI Research Committee, qui entérine certaines évolutions et tend à fédérer et à diffuser des projets de recherches sur les effets de l'approche Montessori. Ce comité travaille aussi à recenser les différentes connaissances sur le développement de l'enfant et les approches pédagogiques, en lien avec des scientifiques, des chercheurs et des universités du monde entier, dans le but de

1. Écoles américaines gratuites, laïques et autonomes, administrées de façon privée quoique bénéficiant de financements publics. Une association est très active aux États-Unis pour regrouper ces écoles Montessori gratuites : Montessori Public dont dépend le NCMPS (National Center for Montessori in the Public Sector).

rendre l'approche Montessori plus présente dans les départements éducatifs nationaux. Un protocole destiné à mesurer les fonctions exécutives, la créativité et les compétences sociales, qui comprend des enquêtes auprès d'anciens étudiants et de leurs parents et enseignants, est en cours de consolidation aux États-Unis. Cette enquête est sur le point d'être menée au Royaume-Uni et en République tchèque.

On remarque que la pédagogie Montessori s'étend à de nouveaux domaines d'activité : par exemple en entreprise, où l'on entend parler de « management Montessori », reposant sur un travail collaboratif, une attitude bienveillante à l'égard des collègues, rendue possible grâce à des espaces bien pensés pour favoriser le parrainage, l'entraide, le partage de ressources et de réflexions, l'expérimentation, le tout dans une ambiance propice à la confiance et à la liberté, favorisant le goût pour le défi personnel et collectif. Il s'agit pour les managers de préparer un environnement en veillant notamment à exprimer des objectifs clairs et structurés aux membres de l'équipe et d'organiser des séminaires avec des lieux spécifiques invitant les collègues à développer de nouvelles stratégies, en réfléchissant hors contexte selon des activités organisées et en s'écoutant de façon active. En outre, des activités et une posture montessoriennes sont aussi adaptées et font leurs preuves pour des personnes atteintes du syndrome d'Alzheimer, dans le but de les faire gagner en autonomie et de leur redonner confiance en elles en leur proposant des activités structurées leur permettant d'agir de façon autonome malgré leurs régressions intellectuelles et de faire des choix qui les valorisent[1]. Enfin, l'approche Montessori se développe bien sûr à destination des tout-petits, que ce soit en lieu d'accueil ou à la maison. Une prise de conscience générale des besoins psychiques du nouveau-né et de leur prise en compte est notable.

Dans les pays en voie de développement, des mouvements tels qu'Éducateurs sans frontières (ESF), créé par l'AMI, se donnent pour mission de revenir à la genèse de la mission de Maria Montessori en développant la dimension sociale de son œuvre, en appliquant ses principes au-delà de l'école[2]. ESF travaille en créant des partenariats avec des associations individuelles et mondiales, comme l'UNICEF, et avec des autorités locales. Son objectif : améliorer l'accès du plus grand nombre à une éducation de qualité. Des fondations soutiennent l'AMI dans cette démarche, en lui permettant d'agir avec des moyens locaux dans des zones de grande pauvreté et de grande souffrance[3].

1. AMI Montessori Advisory Group for Aging and Dementia (MAGAD), a été créé en 2016. Ces applications se développent pour l'instant surtout aux États-Unis, en Argentine et plus récemment en Australie.
2. Voir sur le site de l'AMI la rubrique ESF.
3. Comme au Kenya, avec le projet « Corner of Hope » destiné aux populations vivant dans des camps de réfugiés ; en Tanzanie, en Haïti ou encore en Afrique du Sud.

II. – Maria Montessori et sa vision de l'éducation comme arme pour la paix

Plus qu'une pédagogie, l'approche Montessori est une philosophie, une vision. Élevée dans le catholicisme, Maria Montessori avait une grande sensibilité spirituelle et, même si les circonstances de sa vie et ses rencontres lui ont considérablement ouvert l'esprit sur d'autres manières de penser, elle a toujours gardé une vision très empreinte des valeurs et du champ lexical chrétien. Elle prône sans cesse la paix, le partage, le respect, l'esprit de service et l'humilité. Les années qu'elle a passées en Inde ont aussi eu une influence déterminante sur sa manière d'envisager la vie et l'humanité. Elle pensait qu'il y avait en chaque homme un élan qui le pousse à agir pour accomplir sa vocation, sa mission, au service d'un ensemble qui le dépasse et dont il n'est pas nécessairement conscient. Tout le monde est interdépendant, et chacun rend inconsciemment un service aux autres en suivant ses élans profonds.

Mais Maria Montessori a aussi été profondément influencée par sa lecture de Montaigne et par son scepticisme, qui débouche sur une grande tolérance religieuse et sur le respect de toute personne humaine. Elle-même a été en contact avec des personnes de toutes confessions ou aconfessionnelles, et les écoles qui ont suivi sa proposition sont à son image, très diversifiées, de toutes religions, tolérantes et souvent laïques, même si Maria Montessori a été très proche de nombreux religieux et a conçu un matériel pédagogique pour le catéchisme. Elle a aussi fait des études de philosophie qui l'ont amenée à étudier la pensée de Hegel (1770-1831), selon qui une Idée universelle se déploie dialectiquement en surmontant les contradictions, la synthèse dépassant en permanence les thèses et les antithèses successives, qui se trouvent dès lors intégrées au système. Pour atteindre son objectif final, cette Idée, que Hegel appelle la Raison, utilise les vocations des hommes qui se vouent avec passion à une cause, sans avoir conscience qu'ils accomplissent ainsi quelque chose qui les surpasse, coparticipant à la genèse d'un principe absolu. Dans la vision de Maria Montessori, comme chez Hegel, l'histoire désigne un processus global qui est la manifestation d'un processus absolu, divin. Elle pense toutefois que l'homme peut avoir une influence sur le cours de l'histoire en améliorant l'humanité. C'est seulement si l'on se tourne vers l'enfant que, dans l'esprit de la pédagogue italienne, ce projet est possible. En ce sens, elle considère que l'éducation est la meilleure arme pour construire la paix, tandis que la politique ne peut qu'éviter la guerre.

Ainsi, Maria Montessori a une vision « holistique » de l'enfant et de l'humanité. C'est pourquoi elle a consacré sa vie à préconiser le respect des élans profonds qui animent les individus. Au moment où elle s'est tournée vers les enfants non porteurs de handicap, elle a visité de nombreuses écoles et a été effrayée de constater à quel point les enfants y étaient continuellement contraints et entravés dans leurs initiatives, en permanence dirigés. Sa proposition est alors aux antipodes de cet état des lieux. Dans sa perspective, il s'agit de guider l'activité de l'enfant plutôt que de la réprimer continuellement. Lorsqu'elle observe les enfants dans la première maison des enfants de San Lorenzo, elle voit émerger un « nouvel enfant », qui, selon elle, n'avait jusqu'alors pas pu se révéler. Ainsi, cet enfant n'est pas différemment modelé parce qu'on aurait agi sur lui : il est un enfant épanoui parce qu'on a moins agi « sur lui », parce qu'on a laissé éclore ses énergies et ses qualités. C'est pour qu'émerge partout cet « enfant nouveau » que Maria Montessori a proposé une réforme totale de l'éducation.

Depuis ce moment fondateur, elle a toujours clamé qu'il fallait considérer l'éducation comme une « aide à la vie », utile au développement du potentiel humain. Chacun est ainsi incité à construire un monde meilleur. Pour ce faire, un lien constant doit être maintenu entre la vie physique et la vie psychique. Cette dernière, aux yeux de Maria Montessori, est de toute première importance. Son œuvre entière plaide pour que soient pris en compte les besoins psychiques de chaque individu. Elle a sans cesse milité pour que la rigueur scientifique que la médecine accorde à l'hygiène du corps nécessaire à une bonne santé physique s'applique à l'hygiène de l'esprit, indispensable à une bonne santé psychologique. Elle insistait beaucoup sur la nécessité de former à la psychologie les éducateurs et les enseignants, qui, de préférence, doivent connaître les étapes du développement des enfants et être toujours au fait des dernières recherches dans ce domaine. Son programme pédagogique donne autant d'importance aux développements psychiques que physiques, pensés en corrélation permanente, et tout y est conçu pour qu'ils se répondent.

Maria Montessori n'a cessé de répéter que l'enfant est un être qui, de lui-même, est en train de construire l'adulte qu'il sera demain. Autrement dit, c'est par l'éducation des enfants que l'on peut prétendre améliorer l'humanité. L'éducation doit pour cela s'appuyer sur des principes scientifiques et une démarche réflexive permanente, continuellement ressourcée par une observation assidue de l'enfant. C'est de l'enfant qu'il faut en permanence tenir compte, placé au centre de toute réflexion. C'est en l'observant que l'on apprend à reconnaître ce dont il a besoin.

La démarche, pour autant, n'est pas libertaire : elle ne cautionne pas l'enfant-roi. Elle est une éducation à la liberté, mais une liberté dans un cadre, une liberté qui est à la fois un moyen et un objectif. De la même manière, l'autonomie est à la fois la clé et la finalité de la proposition montessorienne, qui vise à développer des personnalités saines en harmonie avec les autres.

Convaincue par le fait que respecter l'enfant, c'est lui apprendre à se respecter lui-même et à respecter les autres, tout en développant son sens des responsabilités et en lui permettant de prendre conscience qu'il appartient à une communauté et à un projet qui l'englobe, Maria Montessori milite pour les droits de l'enfant. Elle pense que le salut des hommes peut venir pour une très large part des enfants, car ils ont des

« pouvoirs », des potentialités qui leur permettent de construire un avenir meilleur. Dans son esprit, l'homme a le potentiel de s'améliorer lui-même grâce à l'enfant, si et seulement si on laisse ce dernier s'épanouir. Et sa proposition pédagogique découle de cette vision de l'humanité.

Maria Montessori propose un changement total de paradigme : une nouvelle façon de percevoir l'enfant, comme un être dont l'adulte peut autant apprendre que l'enfant peut apprendre de l'adulte. Elle pense que l'éducation traditionnelle favorise l'hypocrisie : les enfants y sont sans cesse jugés, évalués et téléguidés, au risque de devenir passifs, timides ou complexés. Au contraire, pour Maria Montessori, l'enfant doit être actif, impliqué : à partir de ses élans d'apprentissage, l'éducateur lui donne la possibilité de pratiquer des exercices et des expérimentations concrètes. L'enfant est amené à chercher et à trouver par lui-même, le désir étant le moteur de tout apprentissage, la condition d'une mémorisation durable et d'une mise à disposition des informations apprises.

Selon la même logique, la pédagogue italienne a souhaité développer l'automotivation, l'autodiscipline, l'autoévaluation et l'autoéducation. Telles sont les grands principes de l'esprit Montessori, qui ne sous-entendent pas qu'on ne prend pas les autres en compte. On incite les enfants à vivre ensemble, à collaborer, à coopérer, à « cocréer », et à rester toujours conscients qu'ils font partie d'une communauté et qu'il y a entre les êtres une permanente interdépendance et une coresponsabilité. Pour y parvenir, chaque personne doit se sentir impliquée. Et le moyen de parvenir à cet idéal se joue au cours de l'enfance, chaque enfant développant une prise de conscience pérenne de ces interdépendances.

L'enfant est également appelé à adopter de bonnes attitudes et une certaine sérénité, qui lui permettent de construire une paix intérieure, au service de la paix avec les autres. Maria Montessori a beaucoup insisté là-dessus : pour atteindre un tel but, il convient de rompre avec le cercle vicieux du conflit intergénérationnel. La paix qui croît entre les enfants et les adultes conditionne celle qui se construit entre les enfants, c'est-à-dire entre les adultes de demain.

Voilà ce à quoi tend la pédagogie Montessori : l'autonomie, la confiance, l'estime de soi, la créativité, l'esprit d'initiative et d'innovation, l'amour du travail, l'épanouissement, l'esprit de service à l'égard de la communauté, l'éducation à la liberté et à la paix. Pacifiste, Maria Montessori a prôné la paix internationale, la mixité, le progrès social pour tous et la tolérance. Son approche a la particularité de combiner à une espérance mystique une démarche scientifique rigoureuse fondée sur des expériences et des observations précises.

CHAPITRE II

Une nouvelle perception de l'enfant

Maria Montessori considère que l'enfant, lorsqu'il est respecté, autrement dit accompagné pour subvenir à ses besoins physiques et psychiques, suit des élans vitaux qui le rendent enthousiaste et avide de découvrir. S'il n'est pas continuellement entravé mais accompagné avec bienveillance, il apprend facilement. Il est naturellement doté d'un « esprit absorbant » qui lui permet d'apprendre spontanément, suivant des « périodes sensibles », prédispositions le rendant particulièrement réceptif à ce qui est bon pour lui. Il est ainsi attiré par ce qui, dans son environnement, peut lui permettre de progresser.

En tenant compte de la psychologie de l'enfant, nous pouvons l'aider au mieux à devenir lui-même. Lorsqu'on l'aide à agir par lui-même, en jaugeant toujours la dose d'aide qu'on lui apporte, ni trop ni trop peu, on favorise le développement de son autonomie, de son indépendance, de sa confiance en lui et en la vie. Toutes ces qualités lui permettent d'être en paix avec lui-même et donc potentiellement avec les autres.

Maria Montessori soutient aussi que l'enfant est fait pour travailler et qu'il aime profondément cela. Chez le petit d'homme, la notion de travail n'est pas dissociée de celle de plaisir, bien au contraire. Ce sont les adultes qui ont tendance à opposer le travail au loisir et qui, ce faisant, risquent de transmettre cet antagonisme à l'enfant. Car le petit tient à travailler et il le fait avec passion. C'est l'une de ses tendances, qui peut perdurer toute sa vie si elle est préservée dans l'enfance.

I. – Les tendances humaines et les stades de développement de l'enfant

1. **Les tendances humaines.** – Maria Montessori a beaucoup réfléchi sur la part de l'inné en l'homme. Elle s'est par exemple interrogée sur les raisons pour lesquelles, contrairement à de nombreux animaux qui naissent avec des instincts forts les rendant autonomes dès le plus jeune âge, l'homme doit beaucoup apprendre, dans de nombreux domaines. Il doit par exemple apprendre à parler. Il lui faut pour cela s'entraîner à prononcer des sons et assimiler un code pour communiquer avec des mots. Autrement dit, il doit construire son langage. Mais il a cependant une capacité innée à pouvoir l'acquérir, quelle que soit la langue dans laquelle il grandit, de la même façon qu'il est biologiquement programmé pour apprendre à se mouvoir et à intégrer les codes sociaux du milieu dans lequel il vit. Maria Montessori parle de *nebulæ* pour évoquer

ce potentiel que l'enfant a de se construire, et qui ne se réalise qu'en fonction de ce que son environnement lui propose, ou non, pendant ce grand chantier. En effet, sans matière première, il ne peut rien faire. Par exemple, s'il n'est pas exposé à une langue il ne peut pas apprendre à parler. Cette particularité, qui semble une difficulté en comparaison à ce qui, chez l'animal, est inné – en sorte qu'il naît plus abouti –, est en fait sa plus grande force, celle qui le rend libre.

Avec son fils Mario, Maria Montessori a théorisé le concept des « tendances humaines », qui désignent les caractéristiques qui sont partagées par tous les êtres humains, quels que soient le lieu et l'époque où ils vivent. On peut tenter de lister de façon non exhaustive les tendances auxquelles Maria et Mario Montessori ont fait référence : la tendance à la vie active, c'est-à-dire au travail, la tendance à l'orientation, à l'exploration, à l'observation, à l'abstraction, la tendance au perfectionnement, à l'ordre, à la classification et à l'esprit mathématique, la tendance à l'exactitude, la tendance à la communication, la tendance à la vie en groupe, la tendance à l'adaptation, la tendance spirituelle et la tendance à la recherche de compréhension.

Selon Maria Montessori, tout le monde est fait pour apprendre, en permanence, pour s'adapter à une évolution continuelle. Les neurosciences ont démontré que les comportements répétés sculptent le cerveau en consolidant des synapses existantes ou en créant de nouvelles connexions synaptiques. À force de répétition, un échange synaptique peut devenir instantané. Au contraire, quelque chose d'appris mais qui n'est pas répété donne lieu à des connexions qui s'effacent peu à peu. De la naissance à six ans, les synapses sont particulièrement actives, à raison d'environ 10 000 connexions neuronales par seconde. Puis l'élagage synaptique s'opère progressivement, ce qui conforte certaines liaisons et en efface d'autres, laissant ainsi de la place à une perpétuelle soif de nouveauté. Comme tous les êtres humains, les enfants sont dès l'enfance des travailleurs, des expérimentateurs et des explorateurs nés, curieux de tout. Et, selon Maria Montessori, ils apprennent en suivant un schéma de développement par étapes.

2. **Les quatre plans de développement de l'enfance.** Maria Montessori a théorisé quatre étapes dans la construction de l'homme. La longue période de l'enfance, composée de quatre paliers qui se succèdent entre la naissance (voire avant) et l'âge de 24 ans, permet à l'enfant de se construire en tant qu'homme. La pédagogue italienne a représenté cette théorie sous plusieurs formes, notamment celle de ce graphique[1] :

1. Comme le schéma du bulbe qui représente le développement humain et qui n'est pas évoqué faute de place.

Les quatre étapes du développement[1]

Le rythme constructeur de la vie

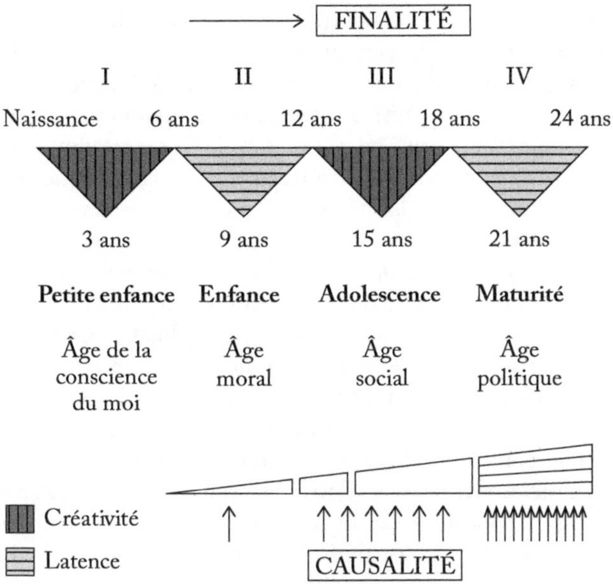

La partie supérieure de ce graphique représente une vision holistique des quatre plans constituant le développement de l'homme avant sa maturité. La partie inférieure

1. Ce graphique a été dessiné par Camillo Grazzini, sur les bases des schémas que Maria Montessori a réalisés à la fin de sa vie. Ces schémas sont certifiés Fondazione Centro Internazionale Studi Montessori (Bergame, Italie) et AMI. (© AMI.)

du schéma représente le système d'éducation offert par la société à partir de 5 ou 6 ans, alors que beaucoup de choses sont déjà jouées. En outre, le système pédagogique classique opère des coupures qui, selon Maria Montessori, interviennent à des âges qui ne devraient pas correspondre à des césures de parcours (à 11 ans, à 14 ans). De plus, c'est un système qui exerce une pression venant de l'extérieur et de plus en plus forte, de façon très linéaire.

Or, selon Maria Montessori, la dynamique de construction de la personne n'est précisément pas linéaire. Elle est équilibrée et non pas exponentielle, et elle voit des périodes de transformations plus ou moins importantes se succéder. La petite enfance et l'adolescence présentent des changements explosifs, aussi bien sur le plan physique que psychique, la première suivie de la phase de l'enfance, et la seconde de la phase de la maturité, où les transformations sont moindres, mais où se consolide et se prépare indirectement beaucoup des métamorphoses à venir. On note sur ce schéma que le même figuré a été utilisé pour la petite enfance et l'adolescence, deux périodes considérées par Maria Montessori comme très similaires et tout aussi critiques pour la construction de la personne à long terme. L'enfance et l'adolescence sont subdivisées : la partie gauche de chaque triangle représente une ouverture à la vie, tandis que la partie droite représente une fermeture, c'est-à-dire une période de consolidation et de préparation à l'ouverture du prochain stade.

Le développement est ainsi présenté comme une succession de naissances. Dans le giron de la femme, tous les besoins de l'enfant sont pris en charge par la mère ; tous deux sont en symbiose. Puis soudain le bébé naît, mais il ne se détache pas encore complètement de sa mère. La séparation aura lieu de façon très progressive. L'embryon physique qui a précédé la naissance cède la place à un « embryon spirituel[1] » qui, de 0 à 3 ans, se construit en tant qu'individu conscient d'être lui-même, distinct de ses géniteurs. Il devient ensuite un embryon social, entre 3 et 6 ans, s'ouvrant à la relation aux autres de façon toujours plus large. L'emploi du terme « embryon » souligne la vulnérabilité de l'enfant au cours de ces étapes de développement : si l'environnement est propice, tout se développe naturellement et harmonieusement ; si l'environnement ne fournit pas les bons éléments, le développement se fait mal. Maria Montessori parlait aussi d'« embryons intellectuels », considérant que les enfants sont engagés dans deux processus de développement imbriqués l'un dans l'autre : le développement intellectuel et le développement physique. Or, il convient de prendre en compte ces deux processus quand on prend soin du tout-petit, dont les besoins sont donc autant physiques que psychiques. Si l'on ne prend pas soin de l'un ou de l'autre, l'enfant risque de collectionner de mauvaises impressions et des incompréhensions, qui peuvent être lourdes de conséquences et se traduire par la mise en place de schémas de développement

1. « Le nouveau-né est un "embryon spirituel", dans le sens où c'est un esprit renfermé dans la chair pour venir au monde », écrit Maria Montessori. Voir *L'Enfant dans la famille* [1923], trad. M. Grazzini, Paris, Desclée De Brouwer, 2007.

déviés qui peuvent fausser la façon dont il percevra les expériences ultérieures. Le milieu que l'on propose à l'enfant est en fait aussi important que la nourriture qu'on lui donne. Pendant cette longue période embryonnaire, l'enfant acquiert toutes les caractéristiques de son espèce : il coordonne son mouvement, élabore son langage, développe ses relations, édifie sa capacité d'abstraction. Tout cela dépend du milieu qu'on lui offre.

À chaque palier de développement correspondent des caractéristiques, des potentiels et des besoins spécifiques. En conséquence, chaque étape requiert un environnement différent, une préparation et une attitude de l'adulte adaptée.

- Au fil de la première étape, de 0 à 6 ans, l'enfant acquiert la maîtrise de lui-même, de ses mouvements, de son langage, de son environnement immédiat, des outils du quotidien, des codes sociaux. Il devient indépendant ;
- Au deuxième stade de son développement, entre 6 à 12 ans, l'enfant explore, interroge et développe une connaissance théorique, intellectuelle, ainsi qu'un sens moral et spirituel. Il acquiert les compétences sociales nécessaires à la vie en groupe et à la collaboration ;
- Lors de la troisième étape de son développement, de 12 à 18 ans, l'enfant devient un adolescent dont la sensibilité évolue considérablement. Il se tourne vers les grandes causes, cherche à trouver sa place, aspirant à toujours plus d'autonomie.

– Enfin, pendant la dernière étape de son développement, le petit d'homme n'est plus un enfant. C'est le temps de l'envol, de la séparation, de la maturité.

Bien qu'elle ait commencé ses recherches auprès de jeunes enfants, Maria Montessori les a étendues à toute l'enfance, et c'est l'une des seules pédagogues à avoir ainsi développé une vision large et une proposition pour chaque âge, avec des préceptes éducatifs de portée universelle. Cela dit, la petite enfance est toujours restée à ses yeux la phase la plus critique dans l'évolution de la personne, dans la mesure où elle est à la base de tout son développement ultérieur.

II. – De l'esprit absorbant à l'esprit comprenant de l'enfant

Pendant la petite enfance, l'esprit de l'enfant est spongieux, prêt à tout absorber, de façon inconsciente jusqu'à 3 ans, puis de façon de plus en plus consciente jusqu'à l'âge de 6 ans. Maria Montessori nomme « esprit absorbant » cette capacité de l'enfant à s'autoconstruire en intégrant toutes ses expériences, ses sensations, ses sentiments et ses émotions. Ensuite, lorsque l'enfant rentre dans l'enfance, à partir de 6 ans, son « esprit absorbant » devient un « esprit comprenant ». Il cherche alors à connaître un univers toujours plus vaste et sa démarche est délibérée. Il a dès lors recours à l'imagination, non pas celle qui fait référence à l'imaginaire fantastique, mais la faculté de se représenter ce qu'on ne peut pas voir et qui rend possible l'abstraction. Maria Montessori insiste sur ce point : il est très important d'aider les enfants à bien distinguer le réel de l'imaginaire et à ne surtout pas affaiblir l'enfant en entretenant sa crédulité. Elle pensait qu'il valait mieux développer l'imagination créatrice plutôt que la capacité à rentrer dans l'imaginaire d'un autre.

À partir de 6 ou 7 ans, l'enfant a considérablement développé ses compétences intellectuelles, que les neurosciences appellent communément les « fonctions exécutives », et qui permettent d'atteindre un objectif choisi. Il s'agit de :

- la mémoire de travail ;
- la capacité à se concentrer en inhibant la distraction et en gérant les impulsions pour ne pas se détourner de son objectif ;
- la flexibilité cognitive, c'est-à-dire l'adaptabilité mentale qui permet de changer de tâche ou de comportement en fonction de l'observation des faits ;
- la capacité de planifier et d'organiser ses actions.

III. – Les périodes sensibles du jeune enfant de la naissance à 6-7 ans

La motivation de l'enfant est endogène. Elle vient de ce que Maria Montessori appelle les « périodes sensibles », fenêtres de réceptivité accrue ouvertes sur certains apprentissages en interaction avec le milieu. Il ne s'agit pas d'une sensibilité qui rendrait l'enfant fragile, mais d'une force qui émane de l'enfant et l'attire vers ce qui l'aide à progresser et lui permet d'apprendre. C'est comme si certains éléments du milieu qui lui sont alors nécessaires pour bien grandir étaient naturellement mis en exergue par un système de filtre interne. Maria Montessori a emprunté cette expression au biologiste néerlandais Hugo de Vries (1848-1935) qui a observé que des instincts poussent les chenilles à se diriger sur la canopée des arbres, puis sous les branches ou près des racines, en fonction de leurs besoins de nourriture liés à leurs étapes de croissance. Elles ne sont pas conscientes de ces besoins, mais leur sensibilité varie en fonction de la lumière qui les pousse à agir ainsi. De même, l'enfant est naturellement réceptif à certains éléments qui l'aident à progresser.

Il a été prouvé que la vision des bébés, par exemple, évolue très progressivement de manière à l'aider à reconnaître ce dont il a besoin dans son milieu. Concrètement, le nourrisson ne voit pas à plus de 20 centimètres à la naissance, et c'est justement la distance qu'il y a naturellement entre lui et sa mère lorsqu'elle le nourrit. Il peut donc se concentrer sur ce qui est vital pour lui : la relation qui l'unit à sa mère. À partir de 2 mois, il perçoit progressivement les reliefs, les distances et les couleurs (rouge et vert, puis bleu et jaune). La vision binoculaire se met peu à peu en place et lui permet d'ajuster son geste pour attraper.

De la même manière, Maria Montessori pense que l'enfant traverse des périodes pendant lesquelles il est mieux à même d'apprendre telle ou telle chose. Lorsque les éducateurs tiennent compte de ces périodes sensibles, l'apprentissage n'en est que plus facile. Si, en revanche, ces périodes sont entravées et se terminent sans que la compétence ait été acquise, l'apprentissage peut ensuite devenir très laborieux, voire impossible. C'est ce que les neurosciences appellent aujourd'hui les périodes critiques. En revanche, le débat est toujours en cours pour savoir s'il y a ou non des périodes sensibles telles que les a définies Maria Montessori. Toujours est-il que, lorsque l'enfant évolue dans un environnement où il trouve matière à rassasier ses appétences fortes, il apprend intensément et efficacement. Les potentiels que représentent ces élans ne peuvent se mettre en action que si le milieu extérieur le permet. Selon Maria Montessori, cette prise de conscience est indispensable, car d'elle dépendent le goût d'apprendre à court terme, mais aussi l'amour de l'apprentissage à long terme. Dans le *Manuel pratique de la méthode Montessori*, elle écrit d'ailleurs :

> Les stimulations laissent une impression sur les sens, mais elles suscitent également une activité intérieure constructive qui possède des pouvoirs particulièrement importants pendant les premières années de vie. C'est précisément ces potentiels que nous appelons les périodes sensibles, phases où l'enfant est en mesure de conquérir et de reconnaître d'innombrables images qui l'entourent, et ainsi de conquérir psychiquement le monde extérieur[1].

---

1. M. Montessori, *Le Manuel pratique de la méthode Montessori* [1939], trad. C. Poussin, Paris, Desclée De Brouwer, 2016, p. 68.

Maria Montessori a recensé les principales périodes sensibles pendant lesquelles l'enfant est naturellement plus réceptif à l'apprentissage de tel ou tel aspect :

– La période sensible du langage (0-7 ans). Le petit observe les mouvements de bouche lorsque quelqu'un parle, puis il pousse des petits cris, émet des sons puis des syllabes, suivis de mots plus ou moins clairs et enfin des phrases, de plus en plus développées. Le langage parlé est une conquête. Suit celle du langage écrit et lu. La dernière étape est celle de l'acquisition consciente de la grammaire ;
– La période sensible de la coordination des mouvements (0-5 ans). L'enfant bouge tout le temps, et c'est ainsi qu'il se construit, d'un point de vue moteur, certes, mais en même temps d'un point de vue psychique, les deux étant en corrélation permanente. L'enfant conquiert étape après étape toutes les stations que l'homme a progressivement atteintes : il tient sa tête puis cherche à se redresser, adopte la station debout, marche, saute, cours, danse ;
– La période sensible de l'ordre (0-6 ans). L'enfant a besoin de repères. Le fait de retrouver les choses à leur place lui permet de se sentir en sécurité et lui procure du plaisir. Dans un espace organisé, il a plus de facilité à organiser sa pensée. L'ordre extérieur favorise l'ordre intérieur et donc la sérénité ;
– La période sensible du raffinement sensoriel (0-6 ans) : l'enfant explore, observe, touche à

tout… c'est sa manière d'appréhender de façon sensorielle le monde qui l'entoure. Il apprend dans un premier temps en accumulant des impressions, des perceptions, qu'il transforme progressivement en images mentales en les organisant et en les classant. Pour cela, il implique tous ses sens. La maxime d'Aristote résume bien cette idée : « Rien ne passe dans l'intelligence qui n'ait d'abord été vécue dans les sens » ;

– La période sensible du comportement social (0-6 ans et au-delà) : très exclusif à la naissance, tourné vers une personne à la fois, l'enfant s'ouvre de façon très progressive à un cercle de relations de plus en plus large. Il intègre ainsi les rites, la culture et les habitudes de sa société ;
– La période sensible aux petits objets, c'est-à-dire aux détails et à ce qui est minuscule (0-6 ans) : après avoir eu une vision globale des choses, l'enfant se concentre sur des petits détails et sur ce qui est miniature. Il observe des insectes, des miettes, des motifs très minutieux. Cela correspond aussi à une étape de sa maturation intellectuelle.

IV. – Les besoins de l'enfant

Outre que ses périodes sensibles doivent impérieusement être prises en considération, l'enfant, pour bien se développer, a des besoins essentiels. Au fil de ses ouvrages et de ses discours, Maria Montessori a décrit ces besoins sans nécessairement en dresser la liste. On peut cependant s'atteler à cet exercice pour mieux présenter ces fondamentaux.

1. **Besoin d'une relation de confiance et de qualité.** L'enfant a avant tout besoin d'une relation qualitative avec les personnes qui l'entourent. Ses potentiels ne peuvent se révéler que s'il est accompagné avec bienveillance. La guidance de l'adulte lui est indispensable. Lorsque l'enfant est très jeune, l'interaction qu'il a avec les adultes est d'autant plus bénéfique qu'elle est individualisée. Tout au début de la vie, la relation est presque fusionnelle et se distend très progressivement de manière que l'enfant reste en confiance. Il développe ainsi une sérénité initiale qui lui permet, tout en se détachant de l'Autre, de construire une solide colonne vertébrale psychologique. En grandissant, il est souhaitable que la relation qu'il entretient avec l'adulte reste personnalisée en fonction des particularités de chaque enfant, c'est ainsi que s'établit une relation de confiance. Le mot confiance vient du latin *confidencia*, qui signifie « espérance » et « sécurité ». Faire confiance, c'est s'abandonner à quelqu'un, c'est savoir que l'on peut s'en remettre à lui. La confiance est avant tout un cadeau que l'on offre à l'enfant. La confiance qu'on lui témoigne, ainsi que la confiance qu'on lui permet d'avoir en nous, lui permet de développer sa propre confiance en lui.

La relation est d'autant plus sécurisante qu'elle est stable. Un certain *continuum* dans la façon dont l'adulte s'occupe de l'enfant lui permet de construire un sentiment interne de sécurité. Pour cela aussi, Maria

Montessori recommande de ne jamais accorder plus d'importance à un objet ou à son propre confort qu'au développement psychique de l'enfant. Si ce dernier se sent moins soigné que certains objets, par exemple lorsqu'on le gronde parce qu'il s'approche ou touche un vase fragile, s'il voit qu'on préserve cet objet avec soin alors qu'on lui parle sans délicatesse, il risque de se considérer lui-même comme un danger pour cet objet, et même de se sentir inférieur ou incapable d'être digne de l'approcher. Maria Montessori souligne la vulnérabilité psychique des enfants, qui se sentent très atteints lorsqu'ils abîment quelque chose. Elle pense que la pire des punitions est pour eux de voir l'objet brisé par leur faute et que le rôle de l'adulte dans ces moments-là est de les rassurer plutôt que d'augmenter leur culpabilité. La relation et sa qualité sont plus importantes à préserver qu'un objet, sans quoi l'enfant peut développer des complexes.

2. **Besoin d'une communication riche.** – La relation va de pair avec la communication. Il s'agit en effet de parler souvent en utilisant un champ lexical approprié et varié pour permettre à l'enfant de développer une expression claire et un vocabulaire riche. L'approche Montessori l'invite à verbaliser et à exprimer ce qu'il ressent, à reconnaître ses sentiments et à savoir les partager. Le fait de les exprimer précisément lui permet par ailleurs de mieux les analyser. L'enrichissement du vocabulaire est essentiel et l'approche Montessori propose une multitude d'activités qui sont des supports à l'échange verbal, au récit, ainsi qu'à la conscience

phonologique. Il s'agit d'apprendre à écouter. En effet, communiquer, ce n'est pas seulement parler, c'est aussi écouter en se rendant disponible et en le montrant à l'enfant, afin qu'il se sente accueilli. On prend pour cela, dans la mesure du possible, une posture physique qui montre qu'on est réceptif à son message en se mettant le plus souvent possible à sa hauteur, en s'accroupissant ou en s'asseyant, en établissant une connexion visuelle. Être à l'écoute, c'est accueillir les propos de l'enfant, éventuellement en les reformulant s'il éprouve des difficultés à s'exprimer. C'est aussi lui témoigner de l'empathie en cherchant toujours à se mettre à sa place.

3. **Besoin d'un mouvement intelligent.** – L'homme doit « construire son mouvement », c'est-à-dire qu'il doit apprendre à se servir de ses membres et à les coordonner pour maîtriser ses gestes, ce qui, à terme, lui permet de se mouvoir librement et d'aller au bout de ses actions, tout en lui permettant de construire en parallèle son raisonnement et l'organisation de sa pensée. On peut faire un parallèle entre le besoin de nourriture du nourrisson tout au début de sa vie et le besoin de mouvement que l'enfant éprouve pour se construire psychiquement en exerçant ses mouvements, et en particulier ceux de sa main. La liberté de mouvement est capitale dans l'approche Montessori, ainsi que la motricité libre. Maria Montessori insistait sur le fait que la liberté de mouvement est une nécessité vitale, sur les plans physiologique, psychique et intellectuel. Il lui semblait que maintenir des enfants immobiles

sur des bancs d'école était quelque chose d'avilissant et nuisait à la construction de l'homme. Elle prônait le besoin de mouvement libre et pensé. On prend en compte ce besoin en proposant des activités ordonnées, motivantes et qui invitent à atteindre un but précis. C'est pour cela que Maria Montessori propose de mettre en place des activités incitant l'enfant à contrôler son propre mouvement, comme marcher sur une ligne en veillant à son équilibre corporel global, en augmentant progressivement les difficultés puisque l'enfant s'exerce dans un premier temps à le faire sur une ellipse en joignant les pieds, puis en relevant des petits défis comme marcher en portant des objets sur un plateau sans les faire tomber, de même avec un petit coussin sur la tête, ou en tenant une cloche qu'il veille à ne pas faire teinter, etc. D'autres activités encore, comme le jeu de silence (qui consiste à modérer ses mouvements au point de ne pas provoquer le moindre bruit), incitent l'enfant à se contrôler, etc. Pour éduquer le mouvement libre, des activités de vie pratique poussent aussi l'enfant à imiter l'adulte en faisant vraiment, et non en faisant semblant, avec des objets réels et proportionnés à sa taille et à ses capacités.

Ces activités peuvent aussi bien être mises en place dans le contexte familial que scolaire. Elles consistent par exemple à transvaser des graines d'un bol un autre, à verser de la semoule ou un liquide d'un pichet à un autre, à ouvrir et à fermer des boîtes, des flacons, à plier les étoffes, à plier du papier, à couper, à coller, à ouvrir et à fermer des cadenas, à maîtriser toute une série de systèmes d'ouverture et de fermeture d'objets et de vêtements, à nettoyer des objets, des linges et des meubles, toute activité permettant de maîtriser son environnement. Cela permet surtout à l'enfant de coordonner ses mouvements avec précision et d'analyser les étapes de ses actions. Par ailleurs, ces activités de vie pratique présentent l'avantage d'isoler les difficultés afin de les soumettre progressivement aux enfants. Concrètement, on travaille les gestes un à un : soit on s'exerce à enfiler un vêtement, soit à fermer une fermeture Éclair, soit à fermer des boutons, soit à nouer des lacets, etc. Ces exercices se font à l'aide de cadres d'habillage[1]. Ainsi, l'enfant exerce sa dextérité et sa capacité à s'habiller dans un contexte calme, à un moment où il n'est pas pressé. Toutes les différentes étapes d'une tâche complexe sont passées à des moments distincts ; cela permet de développer deux choses essentielles : la concentration et la confiance en soi.

Mais le « mouvement intellectuel[2] » ne s'exerce pas que lors des activités dites de vie pratique dans la classe Montessori. Toutes les activités, qu'il s'agisse de mathématiques, d'art, de langage, de géographie ou autre, impliquent le mouvement. Certaines fois, c'est un mouvement de tout le corps ; d'autres, uniquement

1. Un cadre de bois sur lequel sont fixés deux morceaux de tissus que l'on peut lier ou délier selon différents systèmes de fermeture : boutons, boutons-pression, fermetures à glissière, crochets, boucles, lacets, etc.
2. M. Montessori, *L'Enfant* [1936], trad. G. J.-J. Bernard, Paris, Desclée De Brouwer, 2006.

de la main. Celle-ci, l'organe de préhension du cerveau telle que la décrivait Maria Montessori, travaille en permanence et aspire à cela, instinctivement, pour être de plus en plus habile et rendre aussi le cerveau de plus en plus agile.

4. **Besoin d'une concentration préservée.** – Maria Montessori s'est beaucoup intéressée à la question de la concentration et considère que son étude de ce sujet constitue sa principale contribution à la science de l'éducation[1]. C'est sur ce phénomène d'attention que se fonde toute l'autoconstruction de l'enfant. L'attention de l'adulte sur l'attention de l'enfant est tout aussi importante. Jeu de mots sur le double sens du mot « attention », d'une part regard vigilant, prévenant, et contenant porté sur l'enfant par l'adulte, soutien encourageant de l'attention de l'enfant : la focalisation de son être vers une chose. Autrement dit, plus l'adulte s'intéresse à l'attention de l'enfant, plus celle-ci s'améliore et se déploie.

Or, l'attention est essentielle puisqu'elle est, selon Maria Montessori, le point de départ de toute concentration. Cette dernière naît de l'attention et se consolide par l'engagement dans une activité qui motive, ce qui est le cas d'une activité spontanée. C'est la raison fondamentale pour laquelle Maria Montessori insistait beaucoup pour que ce soit l'enfant qui choisisse son

1. M. Montessori, *Pédagogie scientifique*, t. II : *L'Éducation élémentaire* [1910], Paris, Desclée De Brouwer, 2007 ; chap. « Ma contribution expérimentale ».

activité. L'activité de l'enfant et son cycle de concentration doivent être respectés, au risque de provoquer chez lui une souffrance qui peut même devenir une détresse. L'enfant a, selon la pédagogue, un besoin impérieux de focaliser son attention pour construire son intelligence et être heureux.

La concentration est un phénomène qui est individuel et chaque enfant a un rythme qui lui est personnel pour développer sa concentration durant toute une matinée. C'est la raison pour laquelle Maria Montessori ne souhaitait pas qu'il y ait de récréation à heure fixe au milieu de la matinée. Dans les classes Montessori chacun fait des pauses au moment où il sent qu'il en a besoin et développe ainsi sa capacité de concentration sans être interrompu dans ses élans d'apprentissage. Les enfants choisissent leurs travaux et le temps qu'ils y consacrent, seul ou en groupe, sur de longues tranches horaires, sans que l'adulte vienne l'interrompre (des plages de manipulation d'au moins deux heures et demie, idéalement trois, sont aménagées dans les écoles Montessori ; à la maison cela revient à ne pas saturer le temps avec des activités organisées et à laisser libre cours à l'activité choisie de l'enfant).

Dans un contexte de maison des enfants, la pédagogue a étudié avec une rigueur scientifique les arcanes de la concentration chez l'enfant. Elle a constaté que chacun avait un rythme de concentration qui lui était propre et qu'il ne pouvait nullement être imposé de l'extérieur ou dirigé. Chaque enfant alterne des moments de travail intellectuel et de pause, enchaînant des exercices qui lui demandent de relever des défis de plus en plus grands. Si une récréation ou une interruption rompt longtemps ce cycle qui aboutit à ce que Maria Montessori appelait le « grand travail », celui qui est propice à la concentration intense, il est possible que celle-ci ne soit jamais atteinte au cours d'une matinée. En effet, quand le cycle en question est interrompu, le risque peut être que l'enfant ait à recommencer du début tout le processus qui le conduit à une concentration de qualité. La pédagogue a observé et représenté sous forme de courbes les étapes de l'évolution de la concentration (qui s'atteint de façon de plus en plus rapide avec l'expérience et qui devient progressivement susceptible de durer toujours plus longtemps). Maria Montessori décrit précisément ses expériences et illustre ces phénomènes avec des courbes de concentration dans le second tome de la *Pédagogie scientifique*[1].

Sur ces graphes, la ligne de calme représente l'état de repos. La courbe représente la ligne de travail et de concentration. Lorsque la courbe est en dessous, elle représente le fait que l'enfant a une attitude désordonnée, lorsque la courbe est au-dessus, elle représente un travail ordonné. Ces graphes représentent les différentes étapes de la capacité de l'enfant à se concentrer. (1) Sur la première courbe, on voit le premier stade : on observe que la conduite est irrégulière et souvent désordonnée et que l'attention a du mal à se fixer longtemps sur la même activité, ce qui ne laisse pas apparaître une ligne de travail à proprement parler.

1. M. Montessori, *Pédagogie scientifique*, t. II : *L'Éducation élémentaire*, *op. cit.*, p. 99.

Tableau résumé du développement[1]

Graphique moyen

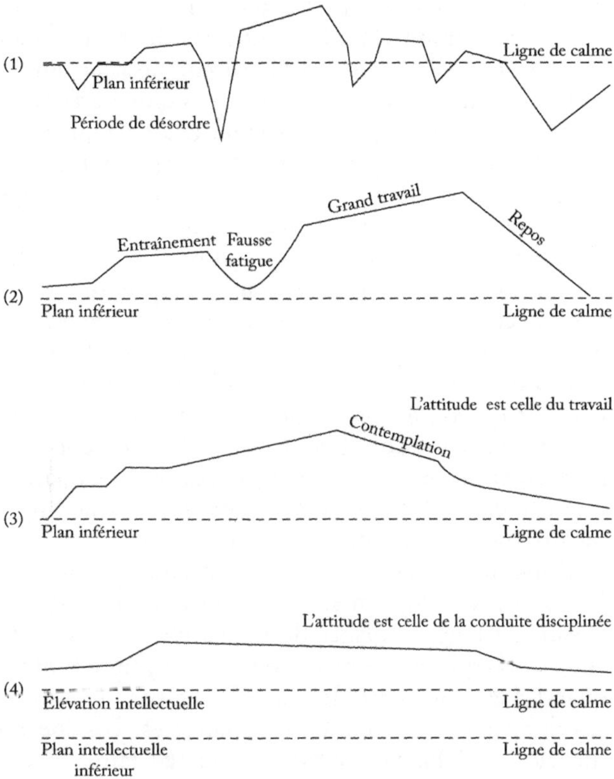

1. *Ibid.*

(2) Sur la seconde courbe, on voit le deuxième stade : l'enfant commence à fixer son attention plus longtemps. Il le fait en deux temps, une phase d'entraînement et une phase intense que Maria Montessori appelle le « grand travail ». Entre les deux intervient une pause qu'elle appelle « fausse fatigue », et qui en réalité est un temps un peu agité qui permet à l'enfant de se ressourcer. (3) La troisième courbe représente la troisième étape : le moment de repos n'est plus nécessaire, car l'enfant se concentre plus longtemps d'une traite et finit par glisser en fin de travail dans une certaine contemplation qui lui permet d'assimiler ses acquis. (4) La quatrième courbe représente l'étape finale, celle au cours de laquelle l'enfant accède rapidement à un état de concentration longue. L'enfant choisit des activités complexes dès le début de la matinée, car il n'a plus besoin de s'échauffer pour rentrer dans la concentration. Il a une attitude disciplinée qui lui permet de développer de façon paisible ses qualités morales et intellectuelles. C'est ce que Maria Montessori appelle l'état de « normalisation ».

Dans un contexte familial, il est aussi possible de favoriser le développement de la concentration en prévoyant de longues plages de temps libre et d'activité choisie. Il convient alors d'éviter d'interrompre l'enfant quand il est concentré. Il a en effet besoin de pouvoir développer sa concentration. Celle-ci est comme un muscle, qu'il lui faut exercer. Pour ce faire, Maria Montessori recommande vivement de ne même pas interrompre un enfant pour le féliciter ou l'aider, si cela n'est pas nécessaire. Pas besoin d'intervenir non plus quand on considère qu'un enfant fait la même chose depuis trop longtemps. La répétition peut être source d'une concentration intense qui lui procure une grande satisfaction et même une joie profonde.

Maria Montessori recommande la pratique régulière d'exercices pratiques de silence, d'immobilité, de patience, de méditation et d'exactitude, autant d'entraînements destinés à renforcer le pouvoir de la concentration. Ces activités exercent la maîtrise corporelle tout en améliorant le contrôle psychique.

Les neurosciences confirment ce phénomène décrit par Maria Montessori. L'imagerie cérébrale montre que le cortex préfrontal est particulièrement impliqué dans le phénomène de l'attention[1], qui se développe beaucoup entre 2 et 6 ans. La communication entre les neurones qui échangent des informations électriques et chimiques favorise les mécanismes de la focalisation. La motivation, le plaisir et les encouragements influencent la capacité que l'enfant a à se centrer, c'est-à-dire à exercer un contrôle mental sur son corps et sur ses pensées pour se focaliser. Pour se concentrer, il ne s'agit pas de ne pas bouger, mais de ne pas être interrompu. Être concentré, c'est être complètement impliqué dans une démarche.

Ces idées ont été confirmées par les chercheurs Edward Deci et Richard Ryan, qui ont travaillé entre 1975 et 2002 sur la différence entre les types de motivation. La motivation intrinsèque concerne l'activité effectuée volontairement pour l'intérêt qu'elle présente

1. E. Gentaz, *La Vie secrète des enfants*, Paris, Odile Jacob, 2016.

et non dans la mesure où elle permettrait d'obtenir une autre récompense, contrairement à la motivation extrinsèque qui concerne l'activité dans laquelle on s'engage non pour elle-même, mais en vue d'une récompense ou par crainte d'une conséquence négative. Lorsque la motivation est autodéterminée, elle semble déboucher sur une meilleure attention et un apprentissage de plus grande qualité. L'homme a besoin de se sentir compétant et autonome pour développer une bonne estime de lui. Pour cela, les motivations endogènes sont plus efficaces que celles qui viennent de l'extérieur, surtout lorsque ces dernières lui sont imposées. Il est donc important de veiller à ce que les encouragements soient présents sans que des récompenses artificielles viennent atténuer ou détourner l'automotivation et l'intérêt de la personne.

5. **Besoin d'être respecté.** – L'enfant a un besoin fondamental d'être respecté dans ses élans, dans ses choix, dans sa personnalité, dans son rythme. Il s'agit de lui laisser du temps et de reconnaître que sa pensée lui est propre. Et enfin de respecter l'aspiration des enfants à agir par eux-mêmes.

Un enfant respecté, c'est aussi un enfant que l'on aide uniquement quand cette aide est vraiment nécessaire. Sa vie durant, Maria Montessori a insisté sur ce point : l'aide inutile est une véritable entrave au développement harmonieux de la personne, car elle incite la personne inutilement aidée au moment de son développement à se percevoir comme inférieure ou incapable. En cela, intervenir ou aider un enfant quand rien ne le nécessite peut freiner le développement optimal de ses potentiels. Pourtant, c'est souvent avec de très bonnes intentions que l'adulte cherche à aider l'enfant, par exemple lorsqu'un enfant de 3 ans met ses chaussures à l'envers, il est difficile de résister au réflexe de les lui remettre à l'endroit, et même de le lui signifier. Cependant, l'idéal serait de le laisser se rendre compte de l'inconfort qu'il expérimente lui-même pour qu'il fasse plus attention la fois suivante. S'il ne sent pas la différence, on peut l'inviter à la remarquer en observant ses pieds, sans pour autant nommer le problème. Afin de marquer son auditoire et parce qu'elle pensait que c'était essentiel, Maria Montessori utilisait des mots percutants pour dénoncer les aides superflues. Elle compare par exemple le parc en bois pour les bébés à une cellule de prison. Ces termes choquants visent à faire prendre conscience de la nocivité de toute aide superflue. Elle considérait que les barreaux des parcs et des berceaux entravaient le mouvement libre et les initiatives des enfants.

Maria Montessori recommandait ainsi d'intervenir le moins possible. Cela ne veut pas dire, bien entendu, que les enfants doivent être laissés seuls, car ils ont tout de même besoin d'être contenus par le regard bienveillant que l'on pose sur eux. Par exemple, un bébé qui innove sans cesse apprend d'autant plus que ses explorations rencontrent un certain écho dans son entourage. Si ses découvertes passent inaperçues, ou pire, si elles suscitent de l'indifférence ou de l'hostilité, il risque de s'en détourner et de se décourager. De même, l'indisponibilité au besoin que l'enfant éprouve de se sentir regardé peut le décourager. Inversement, si on lui accorde trop d'attention ou si on a trop d'attente, si on le stimule trop (surtout si cette stimulation est désordonnée), l'enfant peut s'en trouver perturbé. Dans ces deux cas de figure, son pouvoir créatif risque de baisser. On recommande donc de trouver le juste milieu entre l'aide utile et l'aide inutile, et en tout cas de ne pas agir à la place de l'enfant. Avoir cette démarche réflexive avant d'intervenir auprès d'un enfant, prendre le temps de mesurer son intervention et sa pertinence avant d'agir avec son enfant est une marque de respect qu'on lui témoigne.

Respecter l'enfant, c'est aussi reconnaître qu'il apprend mieux quand il cherche à répondre à une question qu'il se pose lui-même plutôt que quand il est passivement rassasié de « nourriture intellectuelle » et contraint au silence et à l'immobilité. Plus il explore de lui-même, plus et mieux il apprend.

6. **Besoin d'être guidé vers l'autonomie et la liberté.** L'enfant a besoin d'être éduqué à la liberté, qui va de pair avec la discipline et le sens des responsabilités. La liberté s'acquiert grâce à l'épanouissement que procure l'activité indépendante. L'activité, lorsqu'elle est choisie, rend autonome, en particulier les activités dites de vie pratique (voir *supra*, p. 62). Celles-ci permettent à l'enfant d'être conscient de sa valeur. Et par conséquent de prendre la mesure de la valeur des autres.

Chez l'enfant, un va-et-vient continuel s'opère entre la volonté, c'est-à-dire l'aptitude à réaliser ses intentions, et la discipline, c'est-à-dire la capacité à soumettre sa propre volonté à celle d'un autre. La volonté est donc nécessaire à la discipline, tout comme la liberté est nécessaire à la volonté. Selon Maria Montessori, il existe un lien fondamental et une interdépendance permanente entre la discipline et la liberté. L'une ne peut pas être évoquée sans l'autre. Ainsi considérée, la discipline n'est pas quelque chose qui vient de l'extérieur, mais un élan qui vient de l'intérieur, comme un défi à relever pour devenir libre. Est discipliné celui qui est maître de lui, au point de pouvoir décider d'obéir à une règle ou à quelqu'un. La discipline et la liberté supposent toutes deux la réflexion et le sens des responsabilités. La liberté se situe donc entre la permissivité et le dirigisme. La surprotection et l'intervention à outrance étouffent l'énergie et l'initiative, empêchent le développement de l'autonomie, tandis que le « laisser-faire » entrave aussi la liberté : pour bien se développer, l'homme a besoin d'une autorité qui le protège, le rassure et le contient. Maria Montessori propose de s'en tenir au juste milieu.

L'indépendance se construit progressivement, en plusieurs étapes :

- De 0 à 3 ans : l'enfant construit son indépendance psychologique. Il a besoin qu'on l'aide à être lui-même ;
- De 3 à 6 ans : il construit son indépendance fonctionnelle. Il a besoin qu'on l'aide à agir par lui-même ;
- De 6 à 12 ans : il construit son indépendance intellectuelle. Il a besoin qu'on l'aide à penser par lui-même ;

– Pendant l'adolescence : il construit son indépendance sociale. Il a besoin qu'on l'aide à s'intégrer dans la société ;
– De 18 à 24 ans environ, à la fin de ce long parcours, l'enfant a construit une vraie indépendance qui lui permet d'être libre, de s'engager.

L'enfant conquiert ainsi son indépendance en progressant de conquête en conquête, au prix d'un travail permanent, en surmontant des obstacles successifs, animé par une force vitale qui anime chaque personne et le pousse à s'accomplir, ce que Maria Montessori appelle « *hormê* », en s'inspirant de Percy Nunn. Cette énergie pousse chacun à agir. Elle se traduit par une impulsion qui, parfois même, peut être inconsciente. Elle incite à faire des efforts qui développent la satisfaction et la joie. En observant l'enfant, on prend conscience de ce désir qu'il a de tout faire par lui-même. Et si l'on cherche à réprimer cet élan d'indépendance, on peut s'épuiser, tant cette force vitale est grande. Selon Maria Montessori, la « joie de vivre » est l'expression de la satisfaction de cet « élan vital[1] ». Cette joie arrive lorsque l'homme a pu suivre sa volonté. Elle écrit :

> L'être vivant est conduit par ses activités à se perfectionner au fil des expériences. Ce processus de perfectionnement constitue ce que l'on appelle l'évolution[2].

1. Expression que Maria Montessori emprunte à Bergson, qu'elle a rencontré à plusieurs reprises.
2. M. Montessori, *Éduquer le potentiel humain* [1948], trad. M. Grazzini, Paris, Desclée De Brouwer, 2003.

Cette force divine qui travaille pour l'évolution et s'incarne par le biais de la volonté se manifeste selon elle par la joie, de sorte que Maria Montessori recommande d'accompagner cette tendance à la prise d'autonomie, en agissant non pas directement sur l'enfant mais sur son environnement. Celui-ci doit être propice à la prise d'autonomie. Et lorsque l'enfant progresse en indépendance, sa plus grande récompense est sa satisfaction.

Selon Maria Montessori, faire l'usage de sa liberté aide l'enfant à ne pas oublier celle des autres et développe la solidarité. Être discipliné, c'est être maître de soi, capable de se contrôler et de suivre des règles nécessaires à une vie en société harmonieuse. Être discipliné, ce n'est pas rester silencieux et immobile, « sage comme une image » ; c'est être centré, impliqué. Il s'agit de renoncer à sa liberté afin de la reconquérir. Ce processus nécessite une prise de conscience, une réflexion et une décision qui ne peuvent relever que de l'autoéducation.

7. **Besoin d'apprendre en étant actif, en expérimentant, en se trompant et en répétant.** – L'enfant a besoin d'apprendre en s'impliquant concrètement. Cela lui permet, en plus d'avoir une bonne influence sur sa motivation (et par conséquent sur sa concentration), d'avoir un retour d'expérience immédiat sur ses erreurs. Or, on apprend par un processus d'essai-erreur. Se tromper permet de développer son intelligence en détectant la différence entre ce qu'on a prévu et ce qui arrive. Une alternance de prédiction et de vérification incite tout apprenant à « chercher l'erreur », et même

avec plaisir, comme un jeu. Si l'on corrige l'enfant, on le prive de cette quête ludique. Quand l'enfant s'autoévalue et qu'il est capable de savoir s'il s'est trompé ou non, il apprend d'autant mieux. De plus, quand il détecte ses erreurs, il ne risque pas de se bloquer face aux difficultés ni de craindre d'échouer. C'est même l'inverse, cela le stimule, le relance dans son activité et l'incite à réessayer, jusqu'à ce qu'il réussisse. Dans l'approche Montessori, l'erreur est clairement considérée comme une étape vers la réussite, elle n'est jamais soulignée par l'éducateur. Quand on commente sans cesse ce que fait l'enfant en l'évaluant, de façon négative comme de façon positive, on risque de créer des dépendances à l'égard de l'évaluation extérieure.

Par ailleurs, l'enfant a besoin de répéter l'activité pour en découvrir à chaque fois de nouvelles facettes et pour approfondir son apprentissage. Quand il voit qu'il maîtrise bien quelque chose, un sentiment de fierté croît en lui, qui l'amène à vouloir partager ses connaissances. Cela favorise sa propre estime de lui. Une fois que la répétition ne lui est plus bénéfique, il le sent aussi et cesse de répéter l'activité. Comme nous l'avons évoqué précédemment, la répétition permet de faire des autoroutes synaptiques dans le cerveau, et ainsi de développer les fonctions exécutives. Maria Montessori insiste sur la nécessité de respecter le besoin spontané de répétition qui permet à l'enfant d'apprendre par habituation. Par ailleurs, la répétition joue parfois un rôle de réconfort pour l'enfant quand il refait une activité alors qu'il la maîtrise déjà parfaitement. Elle lui permet d'être dans sa zone de confort et il s'en montre rassuré.

Pour conclure, on peut donc dire que l'enfant dont tous les besoins fondamentaux sont pris en compte devient un « enfant normalisé », selon l'expression consacrée de Maria Montessori, c'est-à-dire un enfant *compris*. Il n'est pas dévié de son développement « normal », car il n'est ni privé d'aide ni trop aidé. « Normalisé » ne fait pas référence à la norme, comme s'il s'agissait de faire entrer l'enfant dans un moule unique, mais à la normalité d'un développement spontané et sain, car non entravé. Maria Montessori distinguait en effet l'enfant normal de l'enfant psychiquement dévié de la normalité, à cause d'un environnement trop répressif ou inadapté à ses facultés. Elle avait cependant constaté que l'enfant dévié, au contact d'un environnement adéquat et bienfaisant où il lui est permis d'agir librement, peut progresser, se « normaliser ». Cela se manifeste par son amour de l'ordre, du travail, du calme et du respect des règles sociales. Cet enfant incarne l'espoir d'une nouvelle société. Et c'est dans cet objectif que Maria Montessori a conçu une proposition pédagogique pour l'école comme pour la maison, une proposition qui agit sur l'enfant de façon indirecte et que nous développons dans le troisième et dernier chapitre de cet ouvrage.

CHAPITRE III

Une proposition pédagogique alternative et révolutionnaire : la pédagogie scientifique

La pédagogie Montessori n'a pas été conçue en théorie puis appliquée, mais d'abord concrètement vécue puis théorisée. Elle est avant tout un état d'esprit à l'égard de l'enfant. Cette manière d'être peut s'appliquer dans des écoles, mais aussi à la maison. Maria Montessori a appelé les premières écoles destinées aux enfants de 3 à 6 ans des « maisons des enfants », appellation qui signifie bien que l'école est alors considérée d'une façon tout autre, quasi révolutionnaire, comme un lieu de vie chaleureux, familial, un espace communautaire ouvert sur la vie réelle et non coupé du monde, un endroit où l'on apprend en vivant ensemble et en pratiquant des activités. Dans les écoles Montessori, la grande particularité est le mélange des âges. Le programme des acquisitions s'étend sur trois années de manière à ce que les enfants avancent sans pression et sans notion d'avance et de retard. Les structures Montessori regroupent les enfants trois ans dans la même classe, en fonction des âges, comme suit[1] :

- de 0 à 18 mois : le *nido*[2] (un adulte pour huit bébés) ;
- de la marche assurée à 3 ans : la communauté enfantine (un adulte pour seize enfants) ;
- de 3 à 6 ans : la maison des enfants (deux adultes pour vingt-cinq à trente-cinq enfants) ;
- de 6 à 12 ans ou de 6 à 9 et de 9 à 12 ans : la classe élémentaire (deux adultes pour vingt-cinq à trente-cinq enfants) ;
- de 12 à 15 ans : le collège Montessori (deux adultes pour vingt-cinq à trente-cinq enfants) ;
- à partir de 15 ans : le lycée Montessori (deux adultes pour vingt-cinq à trente-cinq enfants).

À chaque stade, il y a trois piliers invariants présentés ici par ordre d'importance : la posture de l'éducateur (l'adulte, qu'il soit parent ou professionnel), l'environnement psychologique et matériel qu'il prépare pour l'enfant et enfin les activités que cet environnement propose à l'enfant. Cette démarche rigoureuse, cette « pédagogie scientifique », repose sur ce trépied associant l'attitude calme de l'adulte, l'environnement

1. On remarque cependant que le passage d'un groupe à un autre est souple et peut se faire en cours d'année scolaire, progressivement ; l'enfant peut être un temps en alternance entre deux groupes, si c'est souhaitable pour lui, il peut aussi faire des « promenades intellectuelles », comme les appelait Maria Montessori, dans d'autres classes.
2. « Le nid », en italien.

préparé et du matériel choisi. Ses objectifs sont de favoriser et de développer la concentration qui naît de la répétition des activités choisies. Cela tend à favoriser l'épanouissement des enfants et leur plaisir d'apprendre. L'éducation Montessori se vit aussi à la maison et les principes décrits dans ce chapitre sont valables dans un contexte familial.

Les parents sont très impliqués dans les écoles Montessori. Les éducateurs et les parents communiquent régulièrement et travaillent ensemble au service de l'enfant, dans une confiance mutuelle.

I. – La posture et le rôle de l'adulte

Maria Montessori appelait de ses vœux un « nouveau type d'éducateur » qui, « au lieu de la parole [doit] apprendre le silence ; au lieu d'enseigner, [...] doit observer ; au lieu de se revêtir d'une dignité orgueilleuse qui veut paraître infaillible, se revêtir d'humilité[1] ».

(A) *L'humilité.* – Le pied le plus important de ce tripode sur lequel repose la proposition de Maria Montessori, et sans doute aussi le plus révolutionnaire au début du XXe comme en ce début de XXIe siècle, c'est le changement radical de la posture de l'adulte. Ce dernier ne se contente pas de descendre de son estrade, il décide de s'effacer et de donner la première place à l'enfant en se mettant à son service. Et ce changement complet

1. M. Montessori, *Pédagogie scientifique*, t. II : *L'Éducation élémentaire* [1910], *op. cit.*

d'attitude de l'adulte qui devient un guide et un accompagnateur plutôt qu'un dirigeant, implique une véritable rééducation de l'enseignant. C'est la raison pour laquelle Maria Montessori était très exigeante sur la formation des personnes se destinant à accompagner des enfants dans des écoles Montessori, elle souhaitait qu'en plus d'une formation, ils vivent une transformation intérieure. Pour eux, il est question de se rééduquer eux-mêmes avant de prétendre éduquer des enfants. L'éducateur montessorien cherche à comprendre l'enfant, et non à le modeler pour qu'il soit « conforme ». Il doit accepter l'enfant tel qu'il est et l'accompagner sur sa voie. Il est pour cela nécessaire qu'il se connaisse et s'accepte lui-même. Et cette étape requiert un important travail sur soi. La préparation psychique de l'éducateur est la plus importante de sa formation. Il doit acquérir une grande sérénité intérieure et un calme profond pour être capable d'analyser régulièrement ses comportements et ses pratiques. Prendre la décision de vouloir aider sans trop aider exige en effet une démarche exigeante, une permanente remise en question et un continuel travail sur soi.

L'éducateur Montessori doit, pour remplir cette mission ambitieuse, non seulement développer plusieurs qualités, en particulier l'humilité, la patience, l'esprit de service, l'écoute, une douceur qui sait être ferme, mais faire preuve d'une grande dose d'enthousiasme et d'énergie. Maria Montessori écrit dans son *Manuel pratique*[1] :

1. M. Montessori, *Le Manuel pratique de la pédagogie Montessori* [1939], *op. cit.*, p. 113.

> Traitons-les donc avec cette bonté que nous aimerions voir se développer en eux. […] La bonté est un traitement courtois et respectueux et, par-dessus tout, une attention que l'on porte aux désirs de l'autre avec la volonté de se soumettre à ses désirs en oubliant les nôtres. Telle est la bonté que nous devons enseigner aux enfants.

Le rôle de l'adulte change donc et, avec lui, la conception même de l'éducation, considérée comme une collaboration entre l'adulte et l'enfant, mais aussi entre les enfants eux-mêmes, les enfants tenant toujours le rôle principal, un rôle actif et impliqué. L'adulte prend donc le second rôle, celui du facilitateur. Maria Montessori disait que la mission de l'éducateur pouvait se résumer à mettre l'enfant en lien avec l'environnement et le matériel qu'il lui offre. Dans une telle configuration, l'adulte n'est plus considéré comme la source de l'enseignement. Ainsi, ses interventions doivent être le moins intrusives possible. Il n'a même plus son propre bureau dans la classe ; il se déplace parmi les enfants, en se mettant à leur disposition pour leur présenter des activités sous forme de petits cours individuels ou en petits groupes, mais pas, sauf cas particulier, avec toute la classe réunie. Selon Montessori, l'enseignement du maître se limite à initier l'enfant au matériel que celui-ci a choisi. L'éducateur Montessori ne donne donc aucun cours magistral et fait des présentations personnalisées et adaptées à chacun. Même quand l'activité est présentée à plusieurs enfants en même temps, il est dans une interaction personnalisée et individualisée. Dans ses leçons, il cherche à ne pas trop laisser transparaître sa propre personnalité et veille à être efficace en faisant des présentations brèves, préparées pour être profitables. Il adapte son enseignement à chacun en fonction de ses capacités, de son rythme, de ses intérêts et de l'état de ses connaissances. Il donne des clés à l'enfant mais n'ouvre jamais les serrures à la place de l'enfant. Autrement dit : il aide l'enfant à s'aider lui-même.

Maria Montessori a répété une idée essentielle, plus importante que toute recette : l'adulte doit cesser de se considérer comme supérieur à l'enfant, détenteur d'un savoir absolu que lui seul peut transmettre en suivant un programme préétabli valable pour tous. Le rôle de l'adulte est essentiel, bien sûr. Bien qu'il ne monopolise pas la parole et ne cherche pas à attirer l'attention sur lui, il a la responsabilité de stimuler tous les enfants, intellectuellement et moralement, et ce notamment par son exemplarité. Conscient de son rôle de modèle, il cherche toujours à incarner les valeurs qu'il souhaite transmettre. L'enfant le voit lire et écrire, le voit parler avec soin, le voit compter, participer à l'ordre et à la propreté de l'environnement, le voit adopter une attitude d'écoute et d'empathie, etc. Et c'est en absorbant ces comportements et ces attitudes qu'il les adopte à son tour. L'adulte transmet des attitudes et des aptitudes pour aider l'enfant à savoir apprendre. Plutôt que de donner des directives et d'imposer aux enfants un emploi du temps et des évaluations, il observe.

(B) *L'observation.* – Maria Montessori insiste sur le besoin essentiel de l'enfant : « Il a besoin qu'on l'observe.

Ceci doit être le point de départ et le moteur de la réflexion de tout éducateur », écrit-elle encore dans *Le Manuel pratique*[1]. L'adulte qui adopte une attitude montessorienne connaît la valeur de l'observation. Il organise en effet de longs temps d'observation pendant lesquels il prend le recul nécessaire pour regarder le groupe et chaque enfant évoluer, identifier les progrès et les besoins des uns et des autres. Adopter cette attitude l'aide à quitter le centre du processus éducatif et à agir depuis sa périphérie. Il cherche à pratiquer une observation scientifique, en suivant un protocole méthodique. Observer de la sorte n'est pas une aptitude naturelle. Maria Montessori insistait sur l'importance de s'y former en adoptant une véritable posture scientifique « parce que, si l'on ne voit pas les phénomènes, c'est comme s'ils n'existaient pas », écrit-elle dans la *Pédagogie scientifique*, « au contraire, l'âme du savant est faite d'intérêt passionné pour ce qu'il voit. Celui qui est initié à voir commence à s'intéresser, et cet intérêt est la force motrice qui crée l'esprit du savant[2] ». Et c'est véritablement cela qu'elle préconise : un éducateur-savant, en recherche permanente, qui s'intéresse d'autant plus à l'enfant qu'il le fait avec précision.

C'est une démarche réflexive, une mise en réserve qui incite à beaucoup regarder avant d'agir, pour que l'action menée auprès des enfants soit discrète et bien mesurée. Il s'agit de se montrer très présent auprès de

1. *Ibid.*
2. M. Montessori, *Pédagogie scientifique*, t. II : *L'Éducation élémentaire* [1910], *op. cit.*

l'enfant qui cherche le chemin de la concentration et cette présence doit devenir imperceptible à l'enfant qui l'a trouvée et qui est occupé.

> Il doit guider l'enfant sans trop lui faire sentir sa présence. Il doit toujours savoir reconnaître le moment où l'enfant a besoin d'aide et ne doit jamais être un obstacle entre l'enfant et son expérience[1].

Elle ajoute :

> Le secret de la véritable direction du travail scolaire est de susciter l'enthousiasme, de le protéger et de le conserver.

Pour guider au mieux l'enfant dans son développement, l'adulte veille à intervenir de façon délicate. L'idée est d'être le moins dirigiste possible, tout en donnant le cap avec une grande bienveillance. Moins l'adulte intervient, plus l'enfant fait preuve d'initiatives, choisit de travailler, fournit des efforts, et qui plus est dans la joie. Respect, calme et attention remplacent toute intervention. L'éducateur montessorien est tout à fait conscient de l'importance considérable de la concentration qu'il cherche à favoriser et à préserver.

Par ailleurs, l'éducateur Montessori n'impose pas les activités. Il laisse les enfants les choisir et, si nécessaire, les guide dans leur choix. Il nourrit de l'ambition pour chacun d'eux et a une profonde confiance dans le potentiel de chacun. Il veille à ne pas exercer de

---

1. M. Montessori, *Le Manuel pratique de la pédagogie Montessori*, [1939], Paris, Desclée de Brouwer, 2016, p. 112.

pression ou à avoir des attentes qui ne soient pas réalistes. Pour évoquer cela, Maria Montessori parlait de « calme intellectuel ». L'adulte veille à ne jamais freiner ceux qui vont vite ou à pousser ceux qui ont besoin de plus de temps. Son projet est d'aider chacun à trouver son propre projet.

(C) *La bienveillance.* – L'éducateur Montessori ne cherche pas à juger l'enfant. Il privilégie l'autoévaluation à l'évaluation qui vient de l'extérieur et ne pointe pas du doigt les erreurs ou les difficultés de l'enfant. Il les repère et en tient compte, mais il les utilise comme un tremplin. Il invite l'enfant à s'autoévaluer et à considérer le tâtonnement comme un élément indispensable à la réussite. Par cette posture, il favorise l'apprentissage spontané et naturel de l'enfant, qui est aussi rendu possible grâce à une ambiance détendue et apaisée entretenue dans la classe et à la maison. L'ennemi numéro 1 de l'éducateur Montessori est le stress, car il nuit considérablement aux apprentissages et au bien-être de l'enfant. Par une attitude d'écoute active et de communication profonde, en verbalisant beaucoup, l'adulte montessorien instaure une ambiance propice à l'épanouissement. Sa mission n'est pas de corriger, par la répression, les défauts de l'enfant, mais de l'aider à se concentrer et à devenir vertueux, convaincu que ses défauts vont disparaître grâce à cette même concentration. Pour cela, il présente inlassablement des activités qui vont finir par polariser l'attention de l'enfant. Il propose aussi des activités propices à la maîtrise de soi évoquées précédemment (voir *supra*,

p. 62). En effet, Maria Montessori pensait que les défauts moraux tels que les colères, les caprices, les bêtises que font les petits n'ont pas besoin d'être corrigés trop tôt par l'intervention de l'adulte, et encore moins en usant de la punition et de la force. Elle affirmait que ces fâcheuses tendances s'estompent et disparaissent spontanément si les enfants grandissent dans un environnement qui leur donne le bon exemple. Si l'on tente de dresser un enfant trop tôt pour rectifier les défauts en question, on risque d'abîmer son estime de lui en lui envoyant une image négative de lui-même. Il s'agit de « traiter » les « défauts » en périphérie, en prenant du recul avant d'agir de la façon la plus discrète à l'égard de l'enfant. L'éducateur Montessori n'est pas dans une démarche punitive, qui humilierait l'enfant. Dès lors, l'enfant ne se sent ainsi pas inférieur et garde, malgré ses difficultés, confiance dans ses capacités à progresser, sans se décourager dans les épreuves. L'éducateur montessorien veille donc à ne pas dire du mal des enfants. Il pèse ses mots.

L'adulte cherche à incarner la bienveillance. Il guide l'enfant en ayant recours à une certaine fermeté lorsque c'est nécessaire, en faisant respecter des règles clairement énoncées. Mais il prend toujours soin de rester très courtois et respectueux à l'égard de l'enfant auquel il s'adresse, lui parlant avec autant de politesse que s'il s'adressait à un adulte, voire à un invité. Il cherche à le valoriser et à mettre en lumière le positif, sans pour autant faire comme s'il n'y avait pas de négatif. Mais pour atteindre tous ces objectifs, l'éducateur Montessori se repose sur un environnement où il n'y a ni obstacle ni entrave au développement spontané de l'enfant, un lieu qu'il a soigneusement préparé.

II. – L'environnement préparé

Pour agir sur l'enfant en périphérie, l'éducateur doit avant tout soigner l'environnement qu'il lui offre. Et le mot offrir est chargé de sens. Son travail consiste en effet à préparer un lieu adapté à l'enfant en fonction de l'étape de développement qu'il traverse et de l'entretenir méticuleusement, comme s'il offrait un cadeau à un être cher. Car l'environnement matériel et social joue un grand rôle, essentiel dans l'acquisition des apprentissages autonomes et dans l'épanouissement général de la personne. Maria Montessori écrivait que c'est à l'environnement préparé « que revient la tâche d'éduquer » et que « la maîtresse n'est rien de plus que le trait d'union entre l'enfant et l'environnement[1] ». Autrement dit, l'environnement fournit à l'enfant les moyens de son développement.

1. **Un lieu organisé respectant certaines caractéristiques.** – L'environnement est différent en fonction de l'âge de l'enfant. Mais que ce soit dans un cadre scolaire ou familial, il répond à certains critères que l'on peut décrire avec les mots-clés suivants : simplicité, esthétisme, ordre, sécurité, mouvement, autonomie. Quel que soit l'âge de l'enfant, l'idée principale est de

1. M. Montessori, *Le Manuel pratique de la pédagogie Montessori* [1939], *op. cit.*, p. 24.

penser un espace afin qu'il soit un lieu sécurisant pour que l'enfant y trouve des repères stables qui l'aident à être autonome. Tout est conçu pour favoriser la prise d'indépendance progressive de l'enfant.

C'est un lieu dans lequel on organise des aires dévolues à des moments de la vie du tout-petit (lieu de repos, lieu d'éveil, lieu de soin, lieu de repas), ou dévolus à des domaines d'activités et d'apprentissage des plus grands (aire des activités sensorielles, aire de langage, de mathématiques, de sciences, d'art, de musique, de vie pratique, etc.). De plus, dans ces espaces, les activités sont organisées dans un ordre précis en fonction de la difficulté croissante, en séquence, augmentant progressivement les difficultés de la droite vers la gauche. Cet ordonnancement permet à l'enfant de savoir où il en est dans ses apprentissages. Sur des étagères à hauteur d'enfants, donc faciles d'accès, les objets ont une place déterminée et le fait que l'on replace toujours les choses au même endroit, avec l'enfant, comme quelque chose qui fait partie intégrante de l'activité rend le rangement spontané. Cela répond à la période sensible de l'ordre que le jeune enfant traverse de 0 à 6 ans. Cela lui permet de bien s'orienter, de se repérer dans l'espace et d'être autonome parce qu'il est alors capable de prendre ce dont il a besoin sans avoir à demander de l'aide, sans dépendre en permanence de l'adulte. Cet environnement est aussi très favorable au renforcement de la confiance en soi. L'enfant se sait et se sent « capable de... ». Par ailleurs, sur un plateau contenant une activité, il y a aussi des emplacements précis. Les objets sont placés dans l'ordre dans lequel l'enfant va être amené à les utiliser afin de faciliter la mémorisation de l'organisation de l'activité. Cela favorise ainsi la structuration du raisonnement. De plus, cela est très propice à la concentration. Tout est conçu pour polariser l'attention.

L'environnement préparé, à l'école comme à la maison, est aussi un lieu conçu pour satisfaire la période sensible du mouvement. Cela se traduit différemment selon les étapes de développement. Pour le tout-petit, ce sera un espace propice à la motricité libre : un tapis, tel un futon, où l'enfant peut se mouvoir librement, avec une barre de préhension fixée sur le mur à 45 cm du sol pour aider l'enfant à se hisser et se tenir debout. Puis ce seront des meubles assez stables qui seront autant d'étapes sur le parcours de marche qui le mènera à l'acquisition de la marche assurée. Pour les plus grands, il est important de prévoir des espaces dégagés, même dans la classe, pour que le mouvement puisse être libre et ample. Il faut assez d'espace entre les tables pour que les enfants se déplacent aisément et puissent travailler au sol sur des tapis délimitant un espace réservé.

L'espace conçu en phase avec la pédagogie Montessori est esthétique, assez sobre et simple. Il fournit la bonne dose de *stimuli*. De ce point de vue, il évolue aussi avec l'enfant. Pour le tout-petit, afin qu'il ne soit pas surstimulé par des couleurs trop vives ou criardes sur des surfaces trop grandes, il est souhaitable de lui agencer un environnement épuré, avec des couleurs claires et plutôt unies, de manière que les objets qu'on y place se détachent bien et soient donc plus faciles à appréhender visuellement par le bébé. Sa vue est encore en train de s'exercer. À mesure qu'il grandit, on enrichit l'environnement, car il est souhaitable qu'il soit toujours stimulant et qu'il ravive l'intérêt. Mais le lieu ne doit jamais devenir surchargé d'activités et d'illustrations. On cherche à préserver une certaine sobriété visuelle. Une recherche publiée dans une revue scientifique en 2014 a confirmé les bienfaits de cette démarche sur le développement cognitif des enfants[1].

Dans l'aménagement matériel de l'espace montessorien, à l'école comme à la maison, on veille toujours à l'accessibilité des objets, des étagères, des placards. On souhaite aider l'enfant à faire par lui-même et cela se traduit concrètement par un aménagement réfléchi qui prend en compte tous les éléments placés dans l'espace de l'enfant. Les patères et les tiroirs sont à la bonne hauteur, ainsi que les cadres, les miroirs... La taille des meubles est donc adaptée et évolue idéalement avec l'enfant pour qu'il soit toujours bien assis, les pieds posés au sol. Leur légèreté compte aussi, pour que les enfants puissent les déplacer. Il est préférable qu'ils soient de couleur claire, afin d'attirer l'œil de l'enfant sur d'éventuelles tâches, car les voir les incite à les nettoyer ; cela stimule leur activité, en tout cas s'ils ont observé l'adulte agir ainsi. Maria Montessori parlait de « la voix des objets » qui appellent l'enfant lorsqu'ils

1. A. Fisher, K.E. Godwin, H. Seltman, « Visual Environment, Attention, Allocation, and Learning in Young Children. When Too Much of a Good Thing May Be Bad », *Sage. Association for Psychological Science*, vol. 25, n° 7 (2014).

ont besoin d'être rangés ou entretenus. En veillant sur ces objets, l'enfant s'y attache et prend donc l'habitude de se préoccuper de son environnement. D'une certaine manière, l'environnement est presque fait pour « dénoncer » l'erreur, pour inciter indirectement l'enfant à s'améliorer : contrôler ses gestes pour ne pas renverser des meubles légers, casser des objets fragiles, laisser une saleté apparente. À l'école Montessori, il est indispensable que tout soit à la taille des enfants, de la salle d'eau à la petite cuisine. À la maison, on utilise des astuces pour adapter l'environnement à la taille de l'enfant. On peut par exemple trouver des systèmes pour prolonger les interrupteurs ou bien placer des marches pour les atteindre. On peut mettre des trépieds ou des petits escabeaux à la disposition des jeunes enfants afin qu'ils puissent atteindre les lavabos, les éviers, les comptoirs de la cuisine. On peut aussi confectionner de petits meubles à leur taille, en particulier un petit cabinet de toilette. En ce qui concerne le lit, il importe de veiller à sa forme et à sa hauteur. Le lit évolue avec l'enfant pour passer progressivement d'un petit cocon proche de bébé, sécurisant, au lit au sol qui permet à l'enfant à partir de 2 ans d'aller se reposer quand il en a besoin et favorise son autonomie quand il se réveille et souhaite jouer. Tout est envisagé en se mettant régulièrement à la place de l'enfant pour se rendre compte de ce qu'il peut percevoir de cet environnement dans lequel il évolue.

Autre point essentiel : le contact avec la nature est autant que possible favorisé. On place dans l'environnement de l'enfant des plantes et des animaux ; on veille aussi à ce qu'il y ait le plus de lumière possible, on ménage des accès à l'extérieur et on prévoit de grandes promenades à la campagne, dans la forêt, en montagne, etc. Le lien avec la nature est fondamental, car son ordre est très inspirant pour l'enfant. La nature attire les enfants, tout y est une source intarissable d'observation et d'enthousiasme. Être connecté à la nature et lié au réel : deux points essentiels de l'approche montessorienne.

Il n'est pas jusqu'à l'architecture des écoles à laquelle Maria Montessori n'ait réfléchi. Elle les souhaitait assez petites pour être à taille humaine, pour préserver une ambiance familiale et intime. C'est la raison pour laquelle elle imaginait des classes comme des maisons, indépendantes les unes des autres, avec de petits escaliers, de petites fenêtres à la bonne hauteur pour que les enfants voient au-dehors en étant assis, des portes légères avec des poignées accessibles, etc. La pédagogue italienne insistait sur l'importance de l'espace extérieur et disait qu'il fallait idéalement qu'il soit disponible en tout temps et que les enfants puissent y apporter tables et chaises pour travailler en extérieur s'ils le souhaitaient, à quoi il fallait bien sûr ajouter toutes les activités de jardinage. Elle écrivait :

> Nous cherchons à créer un lieu de vie pour l'enfant, c'est-à-dire à fonder « le monde » des enfants qui, jusqu'à présent, n'était pas reconnu comme étant des petits hommes avec des besoins plus délicats et plus importants que ceux des adultes[1].

---

1. M. Montessori, *Le Manuel pratique de la pédagogie Montessori* [1939], *op. cit.*, p. 26.

2. **Une « ambiance ».** – Un environnement, ce n'est pas qu'un lieu, c'est aussi une atmosphère. Il est important de préparer une ambiance psychologique à l'enfant. Pour décrire cette ambiance, les maîtres mots sont : calme et joie, mélange des âges et collaboration, empathie et inclusion.

Le mélange des âges est en effet un élément essentiel de l'approche Montessori. C'est grâce à lui que l'éducateur montessorien peut ne pas prendre trop de place dans la classe. Dans une classe d'enfants de 6 à 12 ans par exemple, celui qui a 6 ou 7 ans n'est pas toujours aidé par l'adulte, car il peut l'être par ses pairs, qu'ils aient le même âge que lui ou qu'ils soient plus âgés. Spontanément, ceux qui sont compétents dans un domaine ont l'élan d'aider ceux qui ne le sont pas encore. Cela ne leur fait pas perdre de temps, et même au contraire : cela consolide leurs connaissances et développe chez eux de belles qualités sociales. Cette ambiance d'entraide et de tutorat entre enfants crée aussi une certaine émulation et motive beaucoup les plus jeunes. Alors que dans l'école traditionnelle, le fait de poser une question à un autre enfant ou de l'aider peut être considéré comme une tricherie, ces comportements sont encouragés dans l'environnement montessorien. Tout est pensé pour être propice aux échanges et à la communication entre enfants. Les relations se développent ainsi de façon positive au profit de l'épanouissement des potentiels de chacun. Pour cela, il n'est jamais question de compétition ni même de comparaison. L'entraide entre enfants permet aussi à l'adulte d'être plus disponible pour ceux qui ont des besoins spécifiques ou des difficultés de compréhension momentanée. Enfin, cette ambiance collaborative est propice au développement de la gestion des émotions et des conflits. Elle favorise un sentiment de cohésion sociale. Les enfants sont conscients de leurs interdépendances et du rôle de chacun dans la réussite du groupe. Ces valeurs, intégrées tôt, sont à long terme des facteurs de pacification. Ce n'est pas l'adulte seul qui maîtrise le groupe, c'est le groupe qui s'autogère, même si l'adulte représente bien sûr une référence et incarne une autorité naturelle sans être écrasante. Le groupe d'enfants n'est pas considéré comme une entité dirigée par un adulte, il est une véritable communauté d'enfants accompagnés par un adulte qui les aide à créer un climat où la cohésion et le respect sont les objectifs. Cette ambiance contribue à l'éclosion de comportements et de traits de caractère sains : les enfants ne se sentent pas en rivalité avec leurs pairs mais en coopération, formant une communauté inclusive.

L'évaluation est présente, mais sous forme d'autoévaluation ou d'évaluation discrète, si elle vient de la part de l'adulte. Elle ne ressemble en aucun cas à un verdict qui tombe comme une note et que symbolise l'utilisation du stylo rouge, qui souligne ce qui ne va pas. Cette atmosphère exempte de jugement est aussi encouragée entre les enfants. L'adulte veille à ne pas critiquer et à ne pas systématiquement poser son évaluation sur l'activité de l'enfant. Qu'il s'agisse d'un compliment ou d'une critique négative, il veille à être très économe de ce genre de remarques, car non seulement elles risquent d'interrompre l'enfant, mais également de créer une dépendance, déjà mentionnée, à l'évaluation extérieure. Or il est souhaitable que la motivation de l'enfant reste endogène, qu'il aime apprendre et progresser parce qu'il a cet élan qui s'auto-alimente. Sinon, il risquerait de se mettre à travailler pour faire plaisir à un autre, ou pour ne pas décevoir quelqu'un d'autre que lui et risquerait ainsi de se démotiver à long terme, ou de vivre de grandes déceptions dans la mesure où il n'aura pas toute sa vie, au-dessus de son épaule, un tiers présent pour le féliciter ou le motiver. Maria Montessori insistait sur l'importance d'éviter les punitions et les récompenses. Mieux vaut que la récompense de l'enfant soit le plaisir que suscitent naturellement le progrès et le plaisir d'apprendre. C'est une tendance humaine dont il ne faut pas détourner l'enfant à force de compliments surjoués ou de félicitations matérielles qui finissent par devenir les motivations premières de l'enfant. Quand il doit s'améliorer sur tel ou tel point, on ne stigmatise pas ses difficultés avec de grandes déclarations. Cette absence souhaitée de récompenses et de punitions à proprement parler n'empêche évidemment pas d'être à la fois encourageant, enthousiaste et entraînant, tout en étant clair et ferme sur les consignes et les règles à suivre pour vivre en société.

L'ambiance d'une classe Montessori a également ceci de particulier par rapport aux classes traditionnelles : le jeu y est libre, l'exploration et même la rêverie n'y sont pas considérées comme des choses négatives, bien au contraire. Ils sont acceptés et considérés comme nécessaires. Les enfants prennent des moments de pause. Comme nous l'avons déjà évoqué, les tranches horaires destinées au travail sans récréation à heures fixes sont longues dans les écoles Montessori afin que chacun puisse trouver son chemin vers la concentration, à son rythme. Et cela suppose que chacun puisse se reposer intellectuellement au moment où il en a besoin. Les enfants peuvent donc ne pas être impliqués dans un travail en tant que tel. Ils peuvent lire un album, observer les autres, et même fermer les yeux et s'assoupir.

Enfin, l'ambiance générale varie en fonction du stade de développement de l'enfant. La classe des enfants de 3 à 6 ans est par exemple beaucoup plus calme que celle des 6 à 12 ans. Dans la première, les activités sont plus individuelles et les enfants aspirent au calme et à l'ordre. Dans la seconde, l'ambiance est plus mouvementée, elle peut donner l'impression de ressembler à une ruche ; des groupes se réunissent et échangent davantage, la période sensible de l'ordre est passée ; et même si l'ordre reste nécessaire pour garder des repères, il coule moins de source pour ces enfants.

Mais dans tous les cas, la classe est vraiment conçue comme un laboratoire d'apprentissage. Cela ne pose pas de difficultés si l'on part du principe que les enfants ont, de façon innée, une passion pour la découverte, que leur curiosité est grande et que plus elle est favorisée plus elle se développe. L'approche Montessori souhaite à chacun de conserver, et même de développer, un esprit de recherche et d'apprentissage. L'essentiel reste d'impliquer les enfants. Outre l'attitude de l'adulte et l'environnement, ce qui, dans la proposition de Maria Montessori, alimente cette activité engagée de l'enfant est le matériel qu'on lui propose et surtout la possibilité qu'il a de le choisir.

Vivre Montessori à la maison, en pratique, avec le jeune enfant

Être montessorien à la maison, c'est avant tout se débarrasser de certains préjugés, en particulier celui qui consiste à croire qu'il existe des recettes pour bien éduquer les enfants. Il s'agit avant tout de se détendre, d'être bienveillant et d'accompagner son enfant avec bon sens, en se mettant souvent à sa place pour savoir comment agir au mieux pour lui. Être constant dans la façon dont on s'occupe de lui favorise sa confiance en lui. On le suit et on respecte son rythme.

Vivre la pédagogie Montessori à la maison, ce n'est donc pas avoir tel ou tel matériel, surtout si on l'impose à l'enfant, ni se transformer en enseignant pour son enfant ! Il s'agit plutôt d'adopter une manière d'être que l'on pourrait résumer par des mots simples : respect, patience, temps, relation de qualité, stimulation bien dosée. L'enfant peut alors jouir d'un cadre ferme mais souple, de repères qui l'aident à s'améliorer sans lui faire sentir sa faiblesse. On ne considère pas ses caprices comme des actes prémédités destinés à nuire à l'adulte, mais comme des exutoires destinés à évacuer des émotions trop fortes. On écoute et on cherche à comprendre ce que vit l'enfant en l'aidant à formuler ce qu'il ressent.

Une fois que cette posture est adoptée, l'essentiel est fait ! On peut alors préparer à l'enfant un environnement organisé, esthétique et épuré :

- qui est confortable et sécurisant ;
- qui suit son développement en évoluant avec lui (type de jeux, type de lit, hauteur des escabeaux qui lui permettent d'accéder aux lavabos, comptoirs et étagères) ;
- qui favorise sa concentration ;
- qui l'implique (dans les tâches quotidiennes, dans la préparation des repas et le fait de se nourrir par soi-même, dans le soin de sa personne, etc.) ;
- qui propose des activités permettant à l'enfant de construire son mouvement ;
- qui offre le libre choix de l'activité ;
- qui est ordonné de sorte à favoriser l'autonomie, avec des objets accessibles adaptés à la taille et la force de l'enfant (étagères à sa hauteur, miroirs où il puisse se voir, patères à portée de main, chaise à sa taille dans tous les endroits où il évolue, tables basses), ou qui lui sont rendues accessibles grâce à des chaises évolutives, des étagères et des penderies à sa taille (plutôt que des grands placards), des meubles assez légers dans sa chambre pour qu'il puisse les déplacer, des affaires disposées sur des petits plateaux ou des paniers ;
- qui prend en compte ses besoins en sommeil, favorise les aliments sains, le contact avec la nature ;
- qui propose des jouets et des activités sélectionnés en qualité et en quantité, disposés de manière ordonnée (en organisant des roulements pour qu'il n'y en ait pas trop, en les répartissant dans des lieux spécifiques et repérables par l'enfant : aire d'éveil, de jeu, etc.).

Quant à l'attitude qu'il est préférable d'adopter à l'égard de l'enfant, elle consistera surtout :

- à lui montrer comment on utilise les objets et comment on mène à bien telle ou telle activité (en lui faisant des présentations lentes et en marquant les étapes d'une

action, du début à la fin, en montrant comment manipuler les objets soigneusement) ;
- à l'inciter patiemment à ranger ;
- à l'inclure dans la vie quotidienne en lui proposant de faire vraiment et par lui-même, et en évitant de le renvoyer à ses jouets ou à des activités imaginaires quand il exprime l'envie d'être parmi les adultes. On mettra alors à sa disposition des ustensiles qui lui sont adaptés (petit tablier, couteau à bout rond, etc.).

Pour parvenir à mettre en pratique la pédagogie Montessori chez soi, une chose est essentielle : avoir constamment une démarche d'observation (observer l'enfant et s'observer soi-même).

III. – Du matériel pédagogique spécifique

Si nous ne présentons le matériel Montessori qu'à la fin du présent ouvrage, ce n'est pas anodin. En effet, à une époque où il est très à la mode et où des raccourcis résument l'approche Montessori à l'utilisation de ce matériel et à l'acquisition de techniques de présentations pédagogiques, il paraît nécessaire de souligner que, s'il fallait choisir entre l'état d'esprit montessorien et le matériel Montessori, c'est le premier qu'il faudrait retenir. Ce matériel, bien que remarquablement conçu, ne présente pas le même intérêt s'il n'est pas utilisé dans une approche respectant les principes fondamentaux de la proposition montessorienne : le libre choix de l'activité, ainsi que le respect de sa manipulation (respect de la manière, du temps et de la fréquence de la manipulation).

1. Les caractéristiques du matériel Montessori. Le matériel pédagogique Montessori est l'un des éléments constituant l'environnement que l'adulte destine à l'enfant. Ce matériel change en fonction des étapes de développement que l'enfant traverse. L'éducateur le lui présente progressivement. Si l'approche Montessori se caractérise par une grande interdisciplinarité, le matériel n'en est pas moins réparti par « aire » d'activité : vie pratique, éducation sensorielle, mathématiques, langage, sciences, musique, art, histoire, géographie. Outre qu'il est adapté aux périodes sensibles, aux besoins et aux étapes de développement des enfants, le matériel Montessori a plusieurs caractéristiques.

(A) *Un matériel scientifiquement élaboré, conçu de façon méthodique et amendé à force d'observation rigoureuse.* – Ce matériel a été conçu scientifiquement par le docteur Montessori, qui a repris du matériel conçu par des prédécesseurs médecins et pédagogues (par exemple Fröbel, Pestalozzi et surtout Itard et Séguin ; voir *supra*, p. 11-12). Au fil de ses recherches et de ses observations, elle l'a en partie modifié et étalonné. Les qualités de ce matériel ont été déterminées en fonction de l'activité et de la concentration qu'il a pu provoquer chez l'enfant qui le manipulait. Ses dimensions (taille, poids, longueurs) et ses couleurs n'ont pas été choisies au hasard. Un petit musée au sein du siège de l'entreprise Gonzagarredi, à Gonzaga, au sud de Vérone, retrace l'histoire de la conception de ce matériel. Il est important de noter qu'il a continué à évoluer après le travail de Maria Montessori, profitant de l'apport notable de son fils Mario, qui s'est en particulier intéressé au matériel proposé aux enfants de 6 à 12 ans, et de celui de nombreux praticiens de la pédagogie Montessori à travers le monde. En outre, des ajustements ont toujours eu lieu selon les pays ; c'est particulièrement le cas en ce qui concerne la vie pratique, car celle-ci introduit l'enfant à sa culture. Par exemple, en Europe, on apprend à frotter des objets en argent ou en cuivre ; en Chine, il s'agit plutôt d'objets en jade. De nombreuses adaptations concernent également la langue, car il faut bien sûr adapter le matériel à chacune d'elles, et même à chaque alphabet, d'autant plus que le matériel a initialement été conçu pour l'italien, qui est une langue phonétique où toutes les lettres se prononcent de façon régulière.

(B) *Ce matériel est sensoriel.* – En d'autres termes, il s'adresse aux sens de l'enfant et lui permet d'apprendre en ayant recours à la vue, au toucher ou à l'ouïe. L'enfant chemine, grâce à la manipulation, de l'expérience concrète à l'abstraction. D'abord il ressent ; puis il prend conscience de ce qu'il ressent. Un matériel dit spécifiquement « sensoriel » est conçu pour raffiner les perceptions de l'enfant et ainsi participer à la construction de son intelligence. Mais globalement, tout le matériel est sensoriel, même lorsqu'il concerne les autres domaines d'apprentissage.

(C) *Le matériel suit une progression pour que l'enfant chemine étape par étape vers une abstraction graduelle, en gravissant un à un les degrés d'une « échelle ».* – Prenons l'exemple de l'apprentissage du système décimal de 1 à 1 000. La première étape consiste à proposer à l'enfant de manipuler des quantités, c'est-à-dire des objets concrets qui représentent les concepts d'unité (une perle dorée), de dizaine (une barrette composée de 10 perles), de centaine (un carré formé par 10 barrettes) et de millier (un cube contenant 10 carrés).

Ces objets palpables permettent à l'enfant de « sentir » ces quantités, d'en avoir une appréhension sensorielle. À partir de cette représentation concrète, il parviendra à terme à prendre conscience du concept. Ce processus permet à l'enfant d'avoir une perception sensorielle de l'inclusion de ces valeurs et de leurs rapports de proportionnalité. L'enfant perçoit concrètement que l'unité est minuscule comparée au millier, que la dizaine contient dix unités, que la centaine est un carré (carré de 10), que le cube que forme le millier est mille fois plus gros et plus lourd que l'unité, etc. Les quantités physiques sont dans un second temps associées à leurs représentations symboliques, les chiffres, inscrits sur des tickets de différents formats, proportionnels aux quantités représentées, et de différentes couleurs (unité en vert, dizaine en rouge, centaine en bleu, puis millier en vert à nouveau, car il s'agit d'un changement d'ordre).

Lors d'une troisième étape, les chiffres sont écrits dans le même format et la même couleur, sur des supports de même taille mais de différentes couleurs, conventionnelles à celles des premiers tickets de lecture. Ainsi, au fil des nombreuses activités qui sont ensuite proposées aux enfants, les chiffres deviennent similaires : tous de la même taille, de la même couleur, sur les mêmes supports. La représentation du concept est de moins en moins symbolique, de plus en plus abstraite. L'enfant passe peu à peu d'objets qu'il peut soupeser à des symboles qu'il lit (les chiffres). Dans tous les domaines d'apprentissage, la proposition du matériel Montessori est tout aussi graduelle, proposant à l'enfant de cheminer à son rythme et par lui-même du concret vers l'abstrait.

(D) *Un matériel qui isole les concepts, et distingue les difficultés, de façon à en faciliter l'apprentissage.* – Pour le matériel sensoriel qui présente les dimensions, chaque activité proposée introduit par exemple un concept et un seul, en présentant des gradations entre « grand » et « petit » – pour les cubes de « la tour rose » qui est devenue l'emblème de la pédagogie Montessori –, gros et mince pour les prismes rectangulaires de l'« escalier marron », long et court pour le matériel appelé « barres rouges ».

Le fait d'isoler les qualités (taille, épaisseur, longueur, etc.) et les caractéristiques (couleur, dimension, forme, son, etc.) permet à l'enfant d'appréhender chaque concept de façon concrète et efficace. L'expérience vécue par l'enfant avec le matériel laisse une empreinte dans son cerveau à laquelle il peut se référer et qui constitue une base solide de sa connaissance consciente.

(E) *Un matériel qui comporte la plupart du temps son propre contrôle de l'erreur pour permettre à l'enfant d'évaluer par lui-même s'il a réussi l'exercice ou non.* – L'enfant n'a pas besoin de l'intervention de l'adulte pour progresser. Il prend rapidement l'habitude de s'auto-évaluer. Dans le cas, par exemple, du matériel communément appelé « emboîtements cylindriques », qui sont des blocs de bois dans lesquels se trouvent des cavités correspondant à des cylindres variant soit en une, soit en plusieurs dimensions (diamètre et/ou hauteur), si, à la fin de l'exercice, un cylindre ne peut s'insérer dans aucune cavité disponible, c'est qu'un autre aura été mal placé. Comme il n'y a, pour chaque bloc d'encastrements, qu'une seule solution permettant à tous les cylindres d'être insérés, l'enfant qui constate qu'un cylindre n'a pas sa place peut se contrôler de lui-même. Cela relance son activité jusqu'à ce qu'il trouve la solution, sans que l'intervention d'une aide extérieure ait été nécessaire. Le processus éducatif est favorisé par le contrôle de l'erreur, qui vient du matériel ou de l'enfant. Ce n'est pas l'adulte qui montre l'erreur ni comment y remédier, c'est une démarche intellectuelle de l'enfant qui est le corollaire de l'autoéducation. Le but n'est pas, dans ce cas précis, de savoir placer les cylindres, mais d'inciter l'enfant à s'exercer par lui-même, à former son jugement, à raisonner. Il en va de même pour toutes les activités Montessori. La détection de l'erreur par l'enfant lui-même éveille son intelligence et pique sa curiosité. Lorsqu'il finit par réussir, il ressent d'autant plus le plaisir à avoir réussi. Tout le matériel Montessori offre cette possibilité, la plupart du temps de façon mécanique, comme dans cet exemple. Si tel n'est cependant pas le cas, l'enfant peut s'autocorriger en recourant à son propre jugement. Pour cela, soit il s'appuie sur ses perceptions sensorielles (dans le cas de la construction de la tour rose par exemple, il évalue visuellement l'harmonie de la construction), soit il a recours à des outils extérieurs comme des tables de contrôle (les tables d'addition ou de multiplication par exemple). Cette qualité autocorrective du matériel n'empêche pas l'éducateur, par le biais de l'observation du travail et des activités de l'enfant, de savoir où il en est et d'évaluer ses progrès.

(F) *Un matériel esthétique qui se veut attirant, pour donner à l'enfant envie de le manipuler.* – Ce matériel est produit dans des matériaux nobles et solides, ce qui assure sa beauté et sa durabilité. Pour que le matériel soit toujours attrayant pour les enfants, il est souhaitable de l'entretenir et de réparer ou de remplacer tout de suite la moindre petite pièce qui pourrait avoir été endommagée ou perdue. L'esthétique du matériel est pensée pour attirer l'enfant : il suffit de regarder les magnifiques cartes puzzle de géographie pour constater à quel point elles fascinent les enfants qui les font très régulièrement et apprennent ainsi une foule d'informations.

(G) *Le matériel est déterminé en quantité.* – Il n'y a normalement qu'un exemplaire de chaque matériel dans chaque classe. Cela permet aux enfants d'attendre leur tour, d'observer les autres enfants l'utiliser en attendant, et les incite éventuellement à travailler à plusieurs.

Il est important de noter que trois entreprises fabriquent de nos jours le matériel Montessori officiel[1], en respectant parfaitement les couleurs, les dimensions et les matériaux recommandés par Maria Montessori, qui n'avait pas protégé son nom mais qui avait déposé les brevets de son matériel. Ce qui la préoccupait, c'était que le choix des matériaux soit respecté (par exemple, dans la tour rose, le fait d'utiliser un bois de densité constante permet d'avoir des cubes proportionnels en taille, mais aussi en poids). Elle souhaitait aussi que la cohérence des couleurs soit suivie, car elle est essentielle pour aider l'enfant à cheminer vers l'abstraction. Dans la graduation des activités de mathématiques par exemple, le fait que les couleurs et les proportions respectives du premier ordre (vert, bleu, rouge pour 1, 10, 100) soient reprises pour le second ordre (1 000, 10 000, 100 000) et pour le suivant (1 000 000, 10 000 000 et 100 000 000) est essentiel pour permettre à l'enfant de comprendre cet ordonnancement. Les détails du matériel ne sont pas secondaires : sur les cartes de géographie, par exemple, le bouton de préhension doit bien se trouver à l'endroit de la capitale du pays. Les enfants sont perméables à des détails de ce genre.

Toutefois, soulignons aussi que ces exigences rendent ce matériel trop coûteux dans certains contextes et des écoles situées en milieux défavorisés ou dont les moyens sont faibles parviennent à proposer de très beaux environnements Montessori avec du matériel esthétique fabriqué artisanalement ou à moindre coût.

1. Les noms de ces fabricants figurent en annexe ; une quatrième entreprise, située en Corée, est sur le point d'être agréée par l'AMI.

Une liste référence le matériel dont peuvent disposer les classes qui en seraient totalement équipées. En fonction des choix des éducateurs, de décisions délibérées ou des moyens de chaque école, certaines activités ne sont pas présentes dans des classes. La liste est une proposition, pas une condition. Il faut cependant veiller à en proposer suffisamment aux enfants afin qu'ils ne soient pas « en manque » de matière première pour apprendre. Il ne s'agit pas non plus d'en inonder la classe ou de proposer trop d'activités qui détourneraient de l'essentiel.

Dans une recherche de 2012, Angeline Lillard a comparé les progrès académiques et comportementaux d'enfants issus de même milieux socio-économiques, dans trois types de classes maternelles : des classes traditionnelles, des classes Montessori appliquant « fidèlement » la proposition de Maria Montessori et des classes Montessori adaptant la proposition de Maria Montessori en ajoutant des éléments, en en supprimant d'autres, en écourtant le cycle de travail ou autre. La chercheuse a trouvé que dans les classes fidèles à la pédagogie Montessori, les résultats des enfants sont meilleurs en ce qui concerne les fonctions exécutives, la lecture, les mathématiques, le vocabulaire et la gestion de problématiques relationnelles[1].

1. A. Lillard, « Preschool Children's Development in Classic Montessori, Supplemented Montessori, and Conventional Programs », *Journal of School Psychology*, vol. 50, n° 3 (2012), p. 379-401.

La leçon en trois temps, ou comment assimiler des noms en trois étapes

Maria Montessori s'est inspiré d'Édouard Séguin pour introduire la plupart des apprentissages en trois temps. En voici un exemple, avec l'apprentissage du nom des couleurs primaires.

Dans un premier temps, on introduit le concept : l'éducateur le nomme de façon très épurée (« rouge » plutôt que « ceci est la couleur rouge » ou « c'est du rouge », pour que le concept « rouge » soit isolé, sans qu'interfèrent des petits mots qui l'encadreraient). Puis l'éducateur invite l'enfant à répéter plusieurs fois le nom du concept.

Le deuxième temps est celui de la reconnaissance. L'éducateur invite l'enfant à reconnaître le concept en lui demandant de le montrer. (« Montre-moi rouge. »)

Le troisième temps est celui de la restitution. L'éducateur invite l'enfant à identifier le concept en le nommant. L'enfant démontre ainsi qu'il s'est approprié le concept, qu'il le connaît (en pointant la couleur, l'éducateur pose la question : « Qu'est-ce que c'est ? » Si l'enfant répond correctement, on sait qu'il a appris).

2. **Les fonctions du matériel.** – La manipulation du matériel Montessori n'est pas une fin en soi, mais un moyen d'aider le développement de l'enfant. C'est un prétexte d'activité qui lui donne envie d'agir et d'explorer, et parfois de relever des défis. L'objectif principal est de l'inciter à s'impliquer dans une action qui construit son mouvement, sa réflexion, son développement. Maria Montessori parle de son matériel comme d'une « aide au développement », d'une invitation à explorer

et à chercher de façon autonome. Il ne vise donc pas à enseigner une connaissance en particulier, mais à faciliter l'expression spontanée du besoin d'exploration de l'enfant, besoin qui lui permet d'apprendre.

Chaque famille de matériel remplit différentes fonctions. Le matériel de vie pratique, que nous avons déjà plusieurs fois évoqué, propose à l'enfant de façon concrète et ludique de s'exercer en amont aux activités de la vie quotidienne. Ces activités l'aident à organiser sa pensée.

Maria Montessori proposait de s'exercer de façon structurée à ces activités en les proposant de façon isolée. (Porter un plateau, fermer une porte, déplacer une chaise, etc.) L'enfant, avant de mettre en œuvre des activités complexes composées d'une succession d'activités, comme laver du linge, s'exerce par exemple à verser de l'eau, à transvaser, frotter, rincer, essorer, etc. Le matériel de vie pratique est le premier que l'on présente à l'enfant, car c'est celui qui suscite le plus son intérêt. C'est un matériel qui lui permet de « se poser ». De plus, il prépare indirectement à toutes les autres activités.

Le matériel sensoriel développe particulièrement l'intelligence. L'enfant vient au monde presque vierge de stimulations sensorielles et en découvre soudainement d'innombrables : tactiles, auditives, visuelles, olfactives, gustatives, ces sensations éparses se mêlent de plus à une foule de sentiments et de besoins jusqu'alors imperceptibles. Plus tard, la catégorisation des sensations lui permet de mettre de l'ordre et de maîtriser ce qu'il perçoit. Le matériel dit « sensoriel » que Montessori propose à l'enfant a pour but de l'aider à identifier les qualités inhérentes aux objets qui l'entourent. Parce que, dans la vie, tous les objets regroupent plusieurs qualités, Maria Montessori préconisait ces activités conçues pour isoler les qualités, afin d'aider l'enfant à les conceptualiser. Elle appelait ce matériel des « stimulations abstraites » ou « matériel des abstractions matérialisées ». Il s'agit d'objets concrets qui exercent l'intelligence de l'enfant de façon systématique en l'incitant à reconnaître différentes nuances qui, sans ce raffinement, ne seraient peut-être pas reconnues. Par exemple, il apprend à distinguer des nuances de rouges plutôt que de se contenter de l'appellation générique « rouge », de façon sensorielle du moins, visuellement, sans nécessairement apprendre les noms : vermillon, magenta, carmin, cardinal, pourpre, grenat, framboise, etc. Ce travail de repérage subtil des nuances stimule la discrimination sensorielle et l'abstraction. Le matériel sensoriel facilite le processus d'ordonnancement des différentes perceptions (odeurs, sons, formes, etc.) en permettant d'apprécier les qualités (grâce à des exercices de mise en paire et des jeux d'opposition permettant de les comparer) et les intensités (grâce à des activités de gradation). Savoir percevoir les nuances donne une nouvelle intensité à toutes les explorations intellectuelles. Ces activités sensorielles captent intensément l'attention des enfants, qui exercent ainsi sérieusement leur capacité de concentration et leur intelligence. On note que certains exercices sensoriels sont d'autant plus efficaces lorsque sont inhibés les sens qui ne sont pas concernés par cette activité ; par exemple, s'il s'agit d'un exercice tactile comme mettre en paire des étoffes en fonction de leurs textures, il peut être judicieux d'avoir les yeux fermés ou occultés afin de rendre la sensibilité du bout des doigts encore plus vive.

Les étapes de l'apprentissage du langage écrit et lu

L'apprentissage de la lecture peut être aussi facile que l'apprentissage de la marche ou l'apprentissage de la parole, mais cela n'est vrai que si l'on respecte la lente progression de l'enfant, qui doit apprendre à son rythme. En France, « apprendre à lire » est au programme de la classe de CP, qui accueille des enfants de 5 à 6 ans. Pourtant, selon Maria Montessori, bon nombre d'enfants sont attirés par les lettres dès l'âge de 3 ou 4 ans. La proposition montessorienne de l'apprentissage de la lecture n'est ni globale ni syllabique. Maria Montessori ne l'a pas inventée, mais découverte. Elle a constaté combien les enfants dont elle s'occupait dans la première maison des enfants aimaient écrire des mots, combien ils avaient un besoin impérieux d'écrire dès qu'ils reconnaissaient assez de lettres et savaient les associer à leur son. L'écriture jaillissait avant même la lecture grâce à l'utilisation d'un alphabet mobile permettant à l'enfant d'écrire sans avoir recours à l'exercice physique de la tenue du crayon et de la formation des lettres.

Dans l'acte de lire et d'écrire, plusieurs mécanismes sont à l'œuvre : il faut connaître les sons et être capable de les associer (un mécanisme mental possible entre 3 et 4 ans) ; il faut reconnaître les lettres (mécanisme mental possible entre 3 et 4 ans), savoir les prononcer pour lire (mécanisme mental acquis vers 4 ans) et être capable de les tracer pour écrire (mécanisme physique qui intervient plus tardivement). Sur le plan mental et sur le plan physique, la vie pratique, des activités sensorielles et des jeux de conscience phonologique préparent indirectement à toutes ces aptitudes. Maria Montessori proposait aussi un exercice qui vise à raffermir la force du poignet tout en le gardant très souple : dessiner les contours de formes à dessin ainsi que l'intérieur d'emboîtements plans dans lesquels s'insèrent ces formes. Cet exercice développe aussi la coordination œil/main et la dextérité. Suit une préparation directe avec la présentation des lettres rugueuses (lettres en papier de verre se détachant en relief sur un support très lisse). Les lettres rugueuses permettent à l'enfant d'appréhender chaque lettre en sollicitant en même temps la vue, le toucher, mais aussi l'ouïe – car on prononce le son de la lettre en la traçant – et le mouvement – car on la trace avec deux doigts joints. Maria Montessori parlait de « connaissance musculaire » de la forme de la lettre. L'enfant comprend et intègre ainsi le fait qu'une lettre représente un son.

De la même manière, on lui présente des digrammes rugueux, soit deux lettres qui forment un seul son. Ensuite, on propose à l'enfant d'utiliser des alphabets mobiles avec des lettres-objets qui rendent possible l'écriture spontanée, car l'enfant peut assembler des signes qu'il reconnaît comme symbole de sons ; il peut ainsi écrire en associant des sons symbolisés par des lettres(mécanisme mental) sans même savoir tracer la lettre avec un crayon (mécanisme physique). De cette façon, il écrit intellectuellement en plaçant les lettres mobiles « p », « a », « p », « a » pour former le mot « papa ». Sans avoir tracé la moindre lettre, il a écrit. Par la suite, il prend conscience que ces signes qu'il connaît peuvent avoir été assemblés par d'autres personnes que lui et qu'ils servent à écrire des mots. Il suit un élan qui le pousse à déchiffrer ces sons et donc à lire. Une fois que l'enfant s'est bien exercé à lire des mots et des petites phrases, celles-ci peuvent s'allonger et devenir des paragraphes. Vient ensuite l'introduction progressive de particularités orthographiques qui sont fonction de chaque langue. L'approche Montessori propose aux enfants de jouer à communiquer sans parler en se donnant des petits papiers sur lesquels on écrit des ordres auquel le lecteur doit obéir sans prononcer le moindre mot, ce qui est très ludique.

Il ne s'agit pas là d'une méthode de lecture, ni d'une démarche analytique qui consisterait à décomposer des mots, ni synthétique, qui consisterait à les recomposer. Mais cette approche donne à l'enfant la matière première pour composer les mots de son choix. Cette matière, ce sont les lettres, qui ne sont pas enseignées mais apprises par l'enfant au cours d'une action impliquant ses sens et le mouvement de sa main. La reconnaissance de la lettre et du son qu'elle représente donne accès à l'écriture, puis à la lecture. L'enfant fait la conquête de ce langage par lui-même. L'adulte joue le rôle de facilitateur. C'est aussi de cette façon que l'enfant a appris à parler, en s'exprimant de façon très nuancée grâce à l'utilisation d'intonations et d'expressions faciales qu'il a adoptées par mimétisme, sans qu'il ait été nécessaire de les lui expliquer. Dans la pédagogie Montessori, il en va de même pour les mathématiques et pour tout apprentissage : l'éducateur offre les outils et l'enfant construit sa connaissance en les utilisant.

Concluons en rappelant que la manipulation du matériel Montessori n'est pas un objectif en soi. Le matériel doit être progressivement abandonné par l'enfant au stade de l'abstraction. Lorsque l'éducateur Montessori montre à l'enfant comment utiliser le matériel, il n'est pas censé espérer que l'enfant reproduise exactement ce qu'il lui a montré. Ce qu'il souhaite, c'est que l'enfant ait envie d'explorer ce matériel et, à travers lui, le monde. Les objets rassemblés et conçus par Maria Montessori ne sont pas des outils pour illustrer les explications didactiques de l'enseignant. Ce sont des tremplins vers l'exploration par l'enfant, conçus pour aller au-delà de l'expérience concrète et pour favoriser l'abstraction. Maria Montessori insiste sur le fait que lorsque l'adulte se prend pour le maître des apprentissages de l'enfant, il le prive d'une occasion d'y parvenir au terme d'une conquête personnelle. Or la pédagogue italienne considère cette conquête, et le goût pour les conquêtes futures qu'elle suscite, comme le moteur essentiel de l'autoconstruction et de l'autoéducation.

Insistons avec Maria Montessori sur un point : l'attention des enfants ne doit surtout pas être retenue par des objets lorsque débute le phénomène subtil de l'abstraction. D'ailleurs, au collège, il n'y a presque plus de matériel. Il s'agit avant tout de préserver la motivation endogène de l'enfant et de préserver la puissance de découverte de chacun individu. Le matériel ne peut remplir cette fonction que s'il est présenté en gardant cela à l'esprit. La répétition de sa manipulation se substitue à l'enseignement classique et permet à l'enfant de progresser à son rythme en passant par l'expérimentation, l'intérêt, le jeu. Le matériel sert à alimenter un processus individuel de construction de l'intelligence qui se fait au rythme de chaque enfant.

Montessori de 12 à 18 ans

La description de la proposition pédagogique montessorienne ne serait pas complète si nous n'évoquions le collège et le lycée. Pour les enfants âgés de 12 à 18 ans, Maria Montessori a aussi imaginé un collège et un lycée qui laissent une grande autonomie aux jeunes. Ces derniers s'impliquent dans des projets concrets, qu'ils choisissent et qui, le plus possible, sont en contact avec la nature. Cette proposition, elle l'a baptisée d'un nom allemand « Erdkinder » (« Enfants de la terre »). L'objectif du collège et du lycée est de permettre aux jeunes d'être connectés au réel et de prendre conscience de toutes les interactions et de toutes les interdépendances qui caractérisent la vie sous toutes ses formes. Elle préconisait que les adolescents grandissent entre eux, se sentant responsables d'eux-mêmes et les uns des autres, ainsi que responsables d'un projet sérieux et concret, comme la gestion d'une ferme, ce qu'ils ne pourraient mener à bien qu'à condition d'apprendre et de réfléchir, motivés qu'ils sont par un objectif collectif ayant un but concret : rendre la ferme viable. Des adultes les guident évidemment dans cette mission, les accompagnant sans les diriger. Mais ces éducateurs ne sont pas spécialisés dans la transmission d'une matière en particulier, quoique leur culture générale stimule les adolescents et les incite à apprendre. En plus de l'intendance de la ferme (ou du projet choisi), les jeunes travaillent les matières en faisant des recherches et des exposés. Ils participent aussi à toutes les nécessités quotidiennes, de la gestion d'un budget à la propreté

des lieux en passant par les achats, si nécessaire en se répartissant les responsabilités. Une véritable initiation à la vie d'adulte, nourri d'un permanent besoin de prendre les circonstances en compte et de s'y adapter.
Le collège-lycée évoqué, situé dans l'Ohio, fait office d'exemple (voir *supra*, p. 31).

Conclusion

Maria Montessori a laissé derrière elle un mouvement qui continue à progresser et qui, malgré le siècle écoulé, est toujours d'actualité. Sa proposition ne se limite ni à une tranche d'âge, ni à un type d'enfants, ni à l'école. C'est un état d'esprit qui peut se vivre partout, à l'école comme à la maison. C'est un message de respect, à l'égard des enfants, dont l'âme, parce qu'elle répond à un élan vital, est incommensurablement forte, et à la fois vulnérable. L'adulte sensible à la pédagogie Montessori, conscient de ce paradoxe, préserve et suit ce petit enfant, constructeur de lui-même, de l'homme qu'il sera et par là même coconstructeur de l'humanité. Il n'est pas question d'appliquer une méthode, mais de suivre chaque enfant, de ne pas entraver ses initiatives inutilement, tout en lui offrant un cadre serein, ferme et souple. L'enfant qui se sent respecté, valorisé, à l'aise, s'épanouit sans avoir à développer d'agressivité. Ni dominé ni dominant, il croît en sagesse et s'autodiscipline doucement, dompte ses travers, adopte de bonnes attitudes.

Les grandes contributions de Maria Montessori sont nombreuses et concernent la compréhension du développement humain, l'importance de la petite enfance et de la vie psychique des enfants, l'importance de la personnalité, de l'initiative, de l'attention et de la concentration, la construction de l'autonomie et de l'indépendance, l'installation du sentiment de solidarité, du sens de la réalité, du cheminement vers l'abstraction et tant d'autres apports, comme l'importance du mouvement – et en particulier celui de la main – dans la construction de l'intelligence. Le cerveau se développe grâce à la coordination de la main et de l'esprit.

Depuis quelques années, les publications, les articles, les émissions consacrés à Montessori se multiplient, et les initiatives montessoriennes à l'école sont de plus en plus nombreuses, dans le cadre des écoles hors contrat, mais aussi au sein des éducations nationales. C'est vrai en France, dans les écoles privées sous contrat et dans les écoles publiques. Cette tendance actuelle qui vante la pédagogie Montessori semble parfois le faire au nom de la précocité des apprentissages et de la qualité du développement intellectuel qu'elle favorise. Pourtant, s'ils sont souvent avérés, ces phénomènes ne sont pas les objectifs de la proposition de Maria Montessori, et il serait dommageable de céder à cette logique générale de la performance, au risque de passer à côté de l'essentiel du message de la pédagogue italienne, qui prônait avant tout le développement harmonieux de chacun, mais toujours au service de l'ensemble, de la communauté et du monde. En cela, l'éducation qu'elle a imaginée est une « aide à la vie », un soutien pour que chacun puisse déployer ses pleins potentiels, trouver la clé de sa propre énigme et ainsi participer au progrès d'un ensemble qui le dépasse.

Le message montessorien en un mot : que l'adulte cesse de se prendre pour le créateur de l'enfant et réalise que c'est bien plutôt l'enfant qui crée l'homme. Ainsi, qui d'autre que lui peut nous indiquer la meilleure manière de l'éduquer ?

Au congrès de Londres de 1951, un an avant sa mort, Maria Montessori le répétait encore :

> Vous êtes venus pour m'écouter parler des enfants. Ce n'est pas ma parole qui importe mais eux. Eux seuls comptent, comme je le répète depuis quarante ans : si vous apprenez par cœur mes livres sans les voir, eux, cela ne sert à rien.

ANNEXES

AMI : www.ami-global.org
AMF : www.montessori-france.asso.fr
ISMM : www.formation-montessori.fr
Public Montessori (France) : www.public-montessori.fr
CFMF : www.montessorifrancophonie.org
NAMTA : www.montessori-namta.org
Montessori Public (États-Unis) et NCMPS : www.montessori-public.org
Fabricants agréés de matériel Montessori : Gonzagarredi Montessori SRL ; www.gonzagarredi.com
Nienhuis : www.nienhuis.com
Matsumoto Kagaku Japan : www.mk-k.com
Musée sur le matériel : www.gonzagarredi.com/en/montessori-museum-memo
Ressources sur le développement naturel de l'enfant (en anglais) : aidtolife.org

BIBLIOGRAPHIE

OUVRAGES DE MARIA MONTESSORI[1]

De l'enfant à l'adolescent [1948], trad. G.J.-J. Bernard, Paris, Desclée De Brouwer, 2016.

Éducation pour un monde nouveau. Conférences [1943], trad. J. Oudin, Paris, Desclée De Brouwer, 2010.

Éduquer le potentiel humain [1948], trad. M. Grazzini, Paris, Desclée De Brouwer, 2003.

L'Éducation et la Paix [1932-1935], trad. M. Valois, Paris, Desclée de Brouwer, 2001.

L'Enfant dans la famille. Conférences à Bruxelles [1923], trad. M. Grazzini, Paris, Desclée De Brouwer, 2007.

L'Enfant [1936], trad. G.J.-J. Bernard, Paris, Desclée De Brouwer, 2016.

L'Esprit absorbant de l'enfant [1952], trad. G.J.-J. Bernard, Paris, Desclée De Brouwer, 2003.

La Formation de l'homme [1949], trad. M. Valois, Paris, Desclée De Brouwer, 2005.

Le Manuel pratique de la pédagogie Montessori [1939], trad. C. Poussin, Paris, Desclée De Brouwer, 2016.

L'enfant est l'avenir de l'homme. Conférences de Londres [1946], trad. A. Pellerin, Paris, Desclée De Brouwer, 2017.

Les Étapes de l'éducation. Conférences en Sorbonne [1936], Paris, Desclée De Brouwer, 2007.

Pédagogie scientifique, t. I : *La Maison des enfants* [1909], trad. G.J.-J. Bernard, Paris, Desclée De Brouwer, 2004.

Pédagogie scientifique, t. II : *L'Éducation élémentaire* [1910], trad. G.J.-J. Bernard, Paris, Desclée De Brouwer, 2007.

Psychogéométrie [1934], Paris et Rennes, Desclée De Brouwer et CRELAM, 2013.

The Child, Society and the World, Oxford, Clio Press, 1979.

1. Par ordre chronologique de parution initiale, et mis à part les conférences rassemblées et éditées à titre posthume.

SUR LA PÉDAGOGIE MONTESSORI

Gentaz E., *La Vie secrète des enfants*, Paris, Odile Jacob, 2016.

Gimbel S., Emerson A., « Montessori and the uncited influence of Hegel », *Communications AMI*, 2009/1, p. 39-53.

Goertz D.B., *Quand l'école s'adapte aux enfants*, Paris, Desclée De Brouwer, 2014.

Kramer R., *Maria Montessori. A Biography*, préface d'Anna Freud, Boulder, Westview Press, 1976.

Lillard A., *Montessori. The Science Behind the Genius*, Oxford University Press, 2005.

Montanaro S., *Understanding the Human Being*, Zelhem, Nienhuis, 1991.

Montessori M.J., *Education for Human Development. Understanding Montessori*, New York, Schocken Books, 1976.

Polk L.P., *Pourquoi Montessori aujourd'hui ?*, trad. J. Bigeargeal, Paris, Desclée De Brouwer, 1984.

Poussin C., *Montessori de la naissance à 3 ans. Apprends-moi à être moi-même*, Paris, Eyrolles, 2015.

Poussin C., *Apprends-moi à faire seul. La pédagogie Montessori expliquée aux parents* [2011], Paris, Eyrolles, 2016.

Poussin C., Hamidi N., Roche H., *Montessori de 6 à 12 ans. Apprends-moi à penser par moi-même*, Paris, Eyrolles, à paraître en novembre 2017.

Standing E.M., *Maria Montessori. Sa vie, son œuvre*, trad. P. Escudier, Paris, Desclée De Brouwer, 1995.

TABLE DES MATIÈRES

Composition et mise en pages
Nord Compo à Villeneuve-d'Ascq

Imprimé en France
par la Nouvelle Imprimerie Laballery
rue Louis Blériot 58500 Clamecy
août 2017 - N° 707419

La Nouvelle Imprimerie Laballery est titulaire de la marque Imprim'Vert®